COCKTAILS mit und ohne Alkohol

Christine Holzapfel (Hrsg.)

Spritzig und raffiniert

COCKTAILS mit und ohne Alkohol

Buch und Zeit Verlagsgesellschaft mbH · Köln

In gleicher Ausstattung sind erschienen: Kochen mit Mikrowellen · Vollwertküche · Vollkornbackstube · Pizzas und Pasta · Salate · Kalte Platten · Brot backen · Schlank und rank · Die allerbesten Backrezepte · Köstliche Aufläufe · Keime und Sprossen · Kräuterküche

ISBN 3-8166-9625-2

INHALT

EINLEITUNG

Für Nachtschwärmer ist der Platz an der Theke stets ein magischer Anziehungspunkt. Hier bleibt selten ein Plätzchen frei, denn man kann in gelöster Stimmung den geschäftigen Barmixer bei der Zubereitung seiner Kreationen beobachten und sich an der faszinierenden Farbe der Drinks und Cocktails ergötzen.
Schnell und leichthändig wandern verschiedene Zutaten in den Shaker und vereinigen sich zu einem köstlichen Cocktail. Hier noch eine Cocktailkirsche, und da noch etwas Zitronenschale oder eine Olive – und der Drink mit einem Geschmack von Tropen, Ferne und Frische ist fertig.
In diesem Büchlein finden Sie alles Wissenswerte über die Ausstattung einer Hausbar. Angefangen mit dem wichtigsten Handwerkszeug des Barkeepers über eine kleine Gläserkunde bis hin zu den wichtigsten Grundzutaten und zahlreichen Tips fürs gekonnte Mixen. Eine Fülle von Rezepten für Cocktails, Longdrinks und andere Mixereien lädt Sie zum Probieren ein. Alle, die gern einen kühlen Kopf behalten wollen, finden viele interessante Rezepte für Mixereien ohne Alkohol, die das Vorurteil entkräften, daß alkoholfreie Mixgetränke nur etwas für die Kinderparty seien.
In diesem Sinne wünsche ich ihnen viele schöne Stunden an der eigenen Theke.

Hinweis zum Rezeptteil
Die Rezepte sind entsprechend der Reihenfolge der Cocktails auf den Fotos von links nach rechts angeordnet.

DIE AUSSTATTUNG EINER HAUSBAR

SHAKER & CO

Die Gerätschaften in der Hausbar sollten möglichst zweckmäßig und praktisch gestaltet sein. Das heißt funktionsgerecht, leicht sauber zu halten und am besten aus nicht oxydierendem Edelstahl und aus Glas.

Rührglas
Viele Cocktails werden nur kurz durchgerührt, was im etwa einen Liter fassenden Rührglas geschieht. Es muß groß genug sein für 3 bis 4 Cocktails und die Eiswürfel. Achten Sie beim Kauf auf eine Ausgießtülle.

Shaker
Er ist das bekannteste Barrequisit und für viele Cocktails unentbehrlich. Achten Sie darauf, daß Kopf oder Deckel des Shakers sich leicht öffnen lassen. Nach dem Schließen wird der Shaker kurz und kräftig waagerecht hin und her bewegt, wobei der Deckel mit dem Zeigefinger sicherheitshalber festgehalten wird. Der Shaker wird verwendet, wenn schwere und dickflüssige Zutaten (Eier, Sirup usw.) gut vermischt werden sollen.

Barlöffel
Das Maß des Barlöffels entspricht zwar genau einem Teelöffel, jedoch ist er ein besonders langstieliger Löffel, der zum Rühren im hohen Rührglas geeignet ist.

Barsieb/Strainer
Dieses Sieb ist unentbehrlich. Es wird nach dem Mixen in den Shaker oder das Rührglas gehalten, um so Eisstücke, Zitronenkerne oder ähnliches beim Eingießen in die Gläser zurückzuhalten.

Meßbecher
In der Profibar ein wenig verpönt, ist solch ein Meßbecher für die Hausbar durchaus angebracht. Bei vielen Cocktails kommt es auf die genauen Maße an, sonst ist die Harmonie des Getränkes gestört. Die meisten Meßbecher haben zwei Einteilungen für 2,5 und 5 cl oder für 2 und 4 cl. Hat man keinen Meßbecher, kann man ersatzweise auch ein Schnapsglas mit Eichstrich nehmen.

Barmesser
Mit dem Barmesser werden unter anderem Zitronen oder Orangen durch- und Schalen zum Abspritzen abgeschnitten usw. Es sollte vorne spitz sein, damit man die Früchte aufspießen kann und nicht mit den Fingern anzufassen braucht.

Schneidebrettchen
Wer schneiden muß, der braucht auch ein Brett. Es sollte eine Saftrinne haben, damit der Arbeitstisch sauber bleibt.

Barzange
Ein Mehrzweckgerät mit vielerlei Funktionen wie festsitzende Sektpfropfen lösen, Drahtösen aufkneifen, Nüsse knacken, Milchdosen lochen, Zigarrenkisten öffnen, Flaschenkapseln anheben, Schraubverschlüsse lösen usw.

Korkenzieher und Flaschenöffner
Eigentlich die wichtigsten Geräte in einer Bar, denn aus geschlossenen Flaschen kann man nicht trinken. Am besten sind Korkenzieher, bei denen man ein Streichholz längs durch die Spirale stecken kann.

Weitere wichtige Geräte, die Sie oft benötigen, sind: Eisbehälter, Eiszange, Sektflaschenverschluß, Zitronenpresse sowie Cocktailspießchen, farbige Trinkhalme und Rührstäbe. Bei zahlreichen Rezepten finden Sie die Angabe 1 dash (= 1 Spritzer). Für Würzzutaten, die noch nicht in Flaschen mit entsprechendem Ausguß abgefüllt sind, empfiehlt es sich, sie in eine Spritzflasche oder Dash-bottle umzufüllen.

KLEINE GLÄSERKUNDE

Becherglas / Tumbler
Dieses leicht sich nach oben hin auseinanderweitende oder auch glatt zylindrische Glas ist für viele Mixgetränke brauchbar, und man kann fast alles daraus trinken.

Cocktailglas
Für die meisten Cocktails mit nicht allzuviel Flüssigkeit und mit wenig Früchten und Eis ist dies Glas genau richtig. Es hat oft einen mehr oder

weniger langen Stiel und geht nach oben hin auseinander. Im allgemeinen faßt so ein Glas 5 bis 7 cl.

Longdrinkglas
Der Kenner sagt auch Highball dazu. Es ist das größte Barglas und hat einen Inhalt von 20 bis 25 cl. Alle mit Sodawasser, Tonicwater oder ähnlichem aufgefüllten Drinks und solche mit vielen Eiswürfeln oder zerschlagenem Eis werden darin serviert.

Schnapsglas
Eigentlich gehört es gar nicht so recht in unsere Bar, denn etwas Gemixtes kann man nicht daraus trinken. Stellen wir es aber trotzdem bereit, für alle, die auch einmal einen Schnaps oder Likör pur trinken wollen.

Sektflöte
Das schlanke, aufstrebende Glas eignet sich in erster Linie für den puren Sektgenuß oder für Sektcocktails. Wenn es nicht zu schmal ist, lassen sich auch Frappés, Sorbets und viele der sogenannten Fancy-Drinks ausgezeichnet darin servieren.

Sektschale
Sie ist fast ein Universalglas der Bar, aus dem man nicht nur Sekt trinkt. Speziell für Cobbler und viele Cocktails, die mit Sekt aufgefüllt werden, ist es gut geeignet.

ALKOHOLISCHE GRUNDZUTATEN

Beim Lesen der Rezepte werden Sie feststellen, daß man für eine perfekt ausgestattete Bar eine Vielzahl verschiedener Spirituosen braucht. Lassen Sie sich dadurch nicht ins Bockshorn jagen. Nehmen Sie nach und nach die wichtigsten auf.

Cognac
Bourbon, Whiskey
weißer Rum
Wodka
Gin
trockener Sekt oder Champagner
Blue Curaçao
Apricot Brandy
Vermouth Bianco, Rosso, extra Dry

Mit diesem Grundstock sind Sie für die wichtigsten Gelegenheiten gerüstet.
Je mehr Sie über dic Basissubstanzen wissen, aus denen Ihre Mixzutaten gewonnen wurden, desto sicherer werden Sie im Kombinieren verschiedener Geschmacksrichtungen und Ausprobieren neuer Eigenkreationen.

Brandy, Cognac und Weinbrand
Brandy ist der Inbegriff für Weinbrand oder Cognac. Beide sind Destillate aus Wein. Der bekannteste Brandy ist der Cognac, benannt nach seinem Ursprung, einer Region Frankreichs. Auch Deutschland, Italien, Spanien und alle Balkanstaaten pflegen einen guten Weinbrand. Der Brandy ist kein einfacher Schnaps, seine Güte, sein Geschmack und sein Aroma werden durch die Brenntechnik, die Reifelagerung und das Gaumengefühl der Meisterdestillateure bestimmt. Abwandlungen sind der Marc, der Grappa, der Treber und der peruanische Pisco, die aus bereits gepreßten Weintrauben gebrannt werden.

Gin
Gin, der englische Korn, hat einen Siegeszug um die ganze Welt angetreten, mit dem Appeal von Themse, Big Ben und Westminister. Dieser große Schnaps ist ein Entwicklungsergebnis neben zwei anderen Kornmarken, die allerdings, bis auf den holländischen Genever, kaum zu überregionaler Bedeutung fanden.

Als Vorläufer des englischen Gin kann der Wacholderkorn bezeichnet werden. Er geht zurück auf den schweizerischen Genipero, den norwegischen Finkel und den österreichischen Kranerwitter. Gin ist ein Korndestillat, das ein zweites Mal mit Wacholderbeerenauszug gebrannt wird und mit Zitrone, Orange, Schlehe, Angelikawurzel, Koriander, Mandel sowie Akazienknospe aromatisiert werden kann. Aus diesen Gewürzmischungen ergeben sich die verschiedensten Gin-Typen: Der gelbschimmernde »House of Lords Gin«, der trockene »Finest old dry London Gin«, der milde »Old Tom Gin«, der »Orange Plymouth Gin«, der »Apple Gin« und die beiden likörartigen »Sloe Gin« und »Pimm's Cup No. 1«.

Likör

Liköre gibt es auf der ganzen Welt – schätzungsweise 660 verschiedene Sorten sind auf dem Markt. Bei uns hat der Likör viel von seiner eigentlichen Form und Trinkweise verloren. Man kann fast sagen: Likör-(oder »Liquer«)trinker bilden zwei Gruppen:

Die einen nehmen den Likör zum Mixen, und die anderen genießen ihn beim Pur-Schlürfen, denn Kenner wissen genau, daß Orangen- und Zitronendestillate das Bukett des Mandarinenlikörs abrunden und daß in Crème de Cacao die Vanille das Aroma der Kakaobohne ergänzt. Genauso wie Auszüge schwarzer Johannisbeeren und Himbeeren das Aroma des Blackberry-(Brombeer-)likörs steigern.

Die umfangreichste Zusammensetzung enthält der 55prozentige Chartreuse grün, der aus nicht weniger als 130 verschiedenen Kräutern »komponiert« ist. Dieses Rezept – es stammt aus dem Jahre 1605 – ist nur fünf Mönchen bekannt und wird nur an zwei Orten destilliert: in Voiron (Frankreich) und in Tarragona (Spanien).

Der Bénédictine D.O.M. (die Abkürzung heißt: »Deo Optimum Maximo« – zu deutsch: Gott, dem Höchsten, das Beste) wird aus ca. 20 Kräutern und Pflanzen destilliert: aus Safran, Getreidekörnern, Aloe, Muskatblüte, Kienapfel, Engelwurz, Estragon, Kardamom, Myrrhe, Koriander, Zimt, Vanille, Farn, Frauenhaar, Arnika, Ysop und Melisse. Likörkenner sind heutzutage rar geworden. Wer weiß schon, daß ein Grand Marnier auf Cognacbasis gebrannt wird, daß der typische Curaçao ein Cointreau ist – ein hochwertiger Organgenlikör, der aus den getrockneten grünen Schalen der Orangen von der westindischen Insel Curaçao destilliert wird.

In keiner Hausbar sollte Likör fehlen. Er ist vorzüglich zur Abrundung eines guten Cocktails oder als geeiste Krönung nach dem Essen zu einem guten Mokka oder zu einem aufgebrühten »Café à la Mexico« geeignet. Mixanfänger sollten sich über Liköre besonders gut informieren, um die richtigen zu Hause in ihrer Bar zu haben. Und nebenbei bemerkt: Likör ist ein Geschenktip! Allen Kennern und solchen, die es werden wollen, nur zu empfehlen.

Rum

Originale Rumerzeugnisse sind auf den Karibischen Inseln zu Hause. Zu den klassischen Herkunftsländern gehören aber auch die Antillen und Mexiko. Gewonnen wird der Rum aus einem Zuckerrohrdestillat mit einem Alkoholanteil zwischen 60 und 82 Prozent. Dieser »echte« Rum wird mit Hilfe von destilliertem Wasser auf 40 bis 45 Prozent Alkoholgehalt herabgesetzt. Seine Lagerung geschieht bei kühleren Temperaturen, wodurch der Rum sein hervorragendes Bukett beibehält. Die verschiedenen Rumsorten werden durch die Beigabe von diversen Gewürzen (wie Karamelzucker, Zimt, Vanille, Rosinen, Ananas und Bataya-Akazien) ergänzt. Echter Rum kann eine lange Lagerungszeit haben. Er ist einem guten Whisky oder Cognac ebenbürtig.

Tequila
Dieser Nationalschnaps aus Mexiko hat es in sich. Er wird aus der Maguey-Agave gewonnen, lange gelagert und ist ein reines Kakteendestillat. Zum Tequila nehme man eine Prise Salz und reiche ihn mit einer Zitronenscheibe. Angenehm ist er auch als Beimischung zu Tomatensaft oder zur Verfeinerung einer bereits fertigen Sangrita. Tequila hat sich auf dem Markt europäischer Trinkgewohnheiten bereits einen Stammplatz erobert.

Whiskey & Whisky
Der bekannteste Whisky ist der Scotch, ein Getreidebrand auf Gerstenbasis. Die gekeimten Gerstenkörner, das Malz, werden auf sanftem Torf- oder Holzfeuer geröstet. Der »Highlands« ist eine Mischung aus reinem Gerstenmalzbrand und anderen Zutaten, kurz »straights« genannt.
Die »Lowlands«-Whiskys dagegen sind weichere Typen, sie werden veredelt mit Malzwhisky und neutralen Kornbränden. Whiskypopularität spiegelt sich nicht zuletzt in der Tradition der Abwandlungen. Allein vom Scotch sind 270 Arten registriert. Sie erhalten ihre Qualität durch schottisches Berg- und Moorwasser sowie durch eine Mindest-Reifelagerung von drei Jahren. Entgegen dem Verfahren bei der Herstellung von Scotchwhisky kommen beim Irish Whiskey die Kornkeimlinge mit dem Rauch nicht in Berührung; er wird etwa sechs Jahre gelagert.
Der amerikanische Whiskey ist der Bourbon. Als Grundprodukt wird Mais verwandt. Seine Heimat sind die Nordstaaten und Kanada, wo der Whiskey aus Roggen (Rye) hergestellt wird. Die Wiege des Bourbon wurde in der Kolonialzeit von den ersten Siedlern geschaukelt, die nach Kentucky und in die County-Gegend kamen. Dort waren Gelände und Klima für den Anbau von Mais bestens geeignet. Der leichteste Whiskey ist der Rye. Er eignet sich vorzüglich für Cocktails als Geschmacksgrundlage. Zwei Jahre braucht er nur zu lagern. Weiterer Unterschied zwischen Scotch, Irish und Bourbon Rye: Scotch und Irish lagert in alten Portweinfässern, der Bourbon Rye in neuen, oft auch angekohlten Eichenfässern. Nicht zu vergessen und zu verachten sind schließlich die Whiskyliköre, beispielsweise der Drambuie und der Southern Comfort.

Weitere Spirituosen von A bis Z

Advocat ist ein Eierlikör, der aus Holland stammt.

Angostura Bitter, einer der »Bitteren« zum Aromatisieren von Cocktails oder zum Backen und Kochen, kommt aus Trinidad.

Anisette, ein französischer Likör, wird aus Sternanis, Fenchel, Koriander und Zucker destilliert.

Bénédictine, der französische Kräuterlikör, wird in der Normandie hergestellt.

Bittergetränke sind Campari, Cynar, Fernet Branca, Underberg, Jägermeister, Boonekamp, Amer Picon, China Martini, Sechsämtertropfen. Sie werden aus Wurzeln, Pflanzen, Rinden, Schalen, Blättern von subtropischen und tropischen Pflanzen als Würzung von Barmischungen hergestellt.

Blackberry Brandy ist ein Likör, der aus Brombeeren gewonnen wird.

Cassis, der Johannisbeerlikör aus Südfrankreich, ist bekannt unter dem Namen Crème de Cassis.

Chartreuse, der aus dem Grande-Chartreuse-Kloster bei Grenoble stammende Likör, wird in drei Sorten hergestellt: der grüne Chartreuse ist mit

55 Vol.-% ziemlich alkoholreich; der gelbe mit 43 Vol.-% schmeckt etwas süßlicher. 68 Vol.-% hat das Chartreuse-Kräuterelixier.

Cherry Brandy ist ein Kirschlikör.

Cointreau, der französische Orangenlikör, ist eigentlich ein Curaçao, aber er wird nach seinem Hersteller benannt.

Cordial Medoc ist ein gemischter Likör mit verschiedenen Aromen auf süßlicher Basis.

Crème de Cacao wird als Likör mit Kakaogeschmack hergestellt.

Crème de Menthe kommt als weißer und grüner Pfefferminzlikör auf den Markt.

Andere Crèmeliköre sind z. B. Fruchtliköre, gesüßt mit Aromen wie: Banane, Ananas, Himbeere, Vanille usw.

Curaçao wird mit Cognac sowie Zucker und grünen Curaçao-Orangen zum Likör in verschiedenen Farben: weiß, blau, orange und grün.

Curaçao Triple sec, der herbere und hellere Curaçao-Likör, entfaltet sein Aroma noch bei 40 Vol.-%.

Danziger Goldwasser, der aromatisierte Likör von Orangen, Anis und Zimt, ist wasserhell und mit Goldblättchen durchsetzt.

Drambuie ist ein Scotch-Whisky-Likör auf Honiggrundlage.

Escorial grün, ein 56prozentiger deutscher Likör, wird aus Kräutern destilliert.

Galliano, ein italienischer Kräuterlikör auf Vanillebasis, ist der am meisten verwendete Likör beim Mixen von Cocktails!

Grand Marnier, der aus der Charente stammende gelbliche Orangenaromalikör, wird mit Cognac hergestellt.

Irish Mist wird als Whiskeylikör mit Honig in Irland hergestellt.

Kahlúa kommt als mexikanischer Cafélikör in den Handel.

Kroatzbeere hat sich als Brombeerlikör aus Schlesien einen Namen gemacht.

Maraschino ist ein süßer Likör, der aus der Marascakirsche gewonnen wird.

Ouzo wird als Anisdestillat in Griechenland hergestellt.

Parfait Amour, ein lieblicher Likör, hat Veilchengeschmack.

Peach Brandy ist ein Pfirsichlikör mit Weinbrand.

Pernod, ein Anis-Kräuter-Destillat, enthält 45 Vol.-%.

Pimm's No. 1 wird auf Gin-Basis als Likör hergestellt.

Prunelle ist ein Pflaumenlikör mit Schlehen.

Prunet ist ein reiner Pflaumenlikör.

Raki kommt aus der Türkei und ist ein Anisdestillat mit Kräutern.

Schwedenpunsch wird auf Rumbasis als Likör hergestellt.

Southern Comfort, ein amerikanischer Bourbon-Whiskey-Likör, wird gern als Basis zum Mixen genommen.

Stonsdorfer ist ein süß-bitterer Likör.

Suisceri, auch Cheri Suisse genannt, ist ein Schweizer Erzeugnis auf der Basis von Schokolade und Kirsch.

Tia Maria stammt von den Karibischen Inseln und ist ein Cafélikör.

Van der Hum kommt als südafrikanischer Likör mit Orangengeschmack auf den Markt, dem Curaçao nahe.

Vieille Cure wird als Likör auf Cognacgrundlage hergestellt.

FRUCHTSÄFTE, LIMONADEN & CO.

Obst- und Gemüsesäfte, Limonaden und Sirupe sind nicht nur für alkoholfreie Cocktails und Mixereien unentbehrliche Zutaten. Viele Cocktails leben durch den frischen, fruchtigen Geschmack eines frisch gepreßten Orangensaftes oder einige Spritzer Zitronensaft. Natürlich ist es am besten, wenn Sie für Ihre Drinks und Mixereien jeweils frisch gepreßte Säfte, seien es Gemüse- oder Obstsäfte, verwenden. Aber nicht immer kann man die Herstellung von Säften selbst übernehmen und muß daher auf das umfangreiche Angebot des Handels zurückgreifen. Diese Alternative bietet sich besonders an, wenn Früchte nicht in optimaler Qualität angeboten werden. Beachten Sie jedoch beim Einkauf die unterschiedlichen Qualitätsstufen.

Fruchtsaft
In der Hausbar haben Fruchtsäfte eine große Bedeutung. Sie sind qualitativ hochwertig und müssen laut gesetzlichen Bestimmungen einen Fruchtgehalt von 100% aufweisen. Sie dürfen keine Konservierungsstoffe oder sonstige Zusatzstoffe enthalten. Eine Ausnahme bildet ungezuckerter Ananassaft, der bis höchstens 3 Gramm Zitronensäure pro Liter enthalten darf. Fruchtsäfte können auch aus Fruchtsaftkonzentraten mit Wasser rückverdünnt werden. Dann jedoch muß dies auf der Verpackung angegeben werden, z. B. Orangensaft aus Orangensaftkonzentrat. Zuckerzusätze sind nur eingeschränkt möglich und müssen ebenfalls deklariert werden. Fruchtsaft wird als trüber oder klarer Saft angeboten.

Fruchtnektare
Fruchtnektare werden aus Fruchtsaft, Fruchtmark oder deren Konzentrate unter Zugabe von Wasser und Zucker hergestellt. Da der Zuckerzusatz bis zu 20% betragen darf, sind Fruchtnektare meist kalorienreicher als Fruchtsäfte.

Fruchtsaftgetränke
Für die Herstellung von Fruchtsaftgetränken werden Fruchtsaft, Fruchtsaftgemische oder konzentrierter Fruchtsaft mit Wasser und Zucker mehr oder weniger stark verdünnt. Der Fruchtgehalt beträgt bei Zitrusgetränken mindestens 6%, bei Traubensaft- und Kernobstsaftgetränken mindestens 30% und bei allen anderen Fruchtsaftgetränken mindestens 10%. Da Fruchtsaftgetränke schon relativ stark verdünnt sind, sind sie zum Mixen wenig geeignet.

Tonic water
Tonic water ist eine kohlensäurehaltige Limonade, die mit Chinin, einem Extrakt aus der Rinde des Chinabaumes, versetzt wird. In seiner herbfrischen, dabei aber leicht süßen Art verleiht Tonic water vielen Longdrinks belebende Kraft und angenehm zarte Bitterkeit.

Bitter lemon, Bitter orange, Grapefruit
Bei diesen Limonaden bestimmt die jeweilige Frucht das Aroma und etwas Chinin die leichte Bitterkeit. Sie eignen sich besonders zum Purtrinken, aber auch mit einem Schuß Gin, Wodka, Weinbrand oder Cognac sind diese bitteren Limonaden eine echte Erfrischung. Kenner wissen sie besonders an heißen Sommertagen zu schätzen.

Coffeinhaltige Erfrischungsgetränke
Meist haben sie die Bezeichnung Cola im Markennamen und sind an ihrer tiefbraunen Farbe zu erkennen. Cola-Getränke enthalten neben Auszügen aus der Colanuß Extrakte aus aromatischen Stoffen wie Ingwer, Orangenblüten, Johannisbrot und verschiedenen anderen Gewürzen. Meist ist auch Coffein zugesetzt.

Ginger ale
Ginger ale ist eine Limonade, die durch Ingwerauszüge einen besonderen und eigenwilligen Geschmack hat, an den man sich erst gewöhnen muß. Wer sich mit ihm angefreundet hat, wird gerne Longdrinks mit Ginger ale zubereiten.

Ein Wort zum Zucker
In vielen Drinks wird statt der feinkörnigen Zuckerraffinade flüssiger Zucker, d. h. *Zuckersirup oder Läuterzucker,* verwendet, da dieser sich besonders gut mischen läßt. Sie können ihn entweder fertig kaufen oder selbst herstellen:
1 kg Zucker wird mit 1 l Wasser bis zum Siedepunkt erhitzt. Dann läßt man das Ganze erkalten. Die angegebene Menge reicht für etwa 50 Cocktails.
2 cl Zuckersirup entspricht 1 Barlöffel Zucker.

JETZT WIRD GEMIXT

Sie müssen ja nicht unbedingt die Prüfung als Barmixer ablegen wollen, aber eine gewisse Arbeitstechnik sollten Sie sich schon aneignen, das ist wichtig fürs gute Gelingen.

Die bekannteste Art, verschiedene Zutaten zu einer neuen Einheit zu verbinden, ist das Mixen im Shaker. Der Shaker wird immer dann verwendet, wenn es gilt, Zutaten möglichst schnell herunterzukühlen, ohne sie dabei unnötig zu verwässern.

Das gelingt schon in einigen Sekunden, wenn man den Mixbecher waagerecht kurz und kräftig schüttelt. Die Eiswürfel lösen sich dabei nicht so schnell auf, geben aber ihre Kälte an den Drink ab. Wichtig ist dieses Gerät auch, wenn man etwas schwerer lösliche Zutaten, wie Zuckersirup, Eier oder dicke Liköre, mixt.

Die zweite Methode ist das *Rühren,* das besonders geeignet ist bei dünnflüssigen Zutaten und wenn man ohnehin später Eiswürfel in das Cocktailglas gibt.

Manchmal braucht man beide Geräte überhaupt nicht, nämlich immer dann, wenn man die Zutaten direkt in das Trinkglas gibt.

Um beim Mixen mehrerer Cocktails das Problem der richtigen Einteilung gar nicht erst aufkommen zu lassen, gießt man vom fertigen Cocktail pro Glas erst weniger ein und füllt lieber nach, so daß die Menge möglichst genau aufgeht.

Und noch etwas: In jedem Falle gibt man immer erst die Eiswürfel in das Mixgefäß oder Glas, dann folgen die anderen Zutaten.

DAS EISKALTE VERGNÜGEN

Eiswürfel sind das wichtigste, aber auch vergänglichste Hilfsmittel in der Hausbar. Sie haben mehrere Aufgaben zu erfüllen. Sie müssen einen Drink beim Mixen möglichst stark abkühlen, ohne ihn stark zu verwässern.

Bei einigen Getränken, wie Longdrinks oder »on the rocks« (»über Felsen« = Eiswürfel), müssen die Eiswürfel die Mixtur oder pure Spirituose möglichst lange im Glas kühl halten. Eine allmähliche Verdünnung muß man natürlich hierbei in Kauf nehmen. Die Eiswürfel sollten aber möglichst groß sein.

In zermahlener oder zerschlagener Form schließlich kühlt Eis den Drink nicht nur, sondern macht ihn auch leichter und dünner. Das hat natürlich nur Sinn bei stark aromatischen Grundsubstanzen, wie Pfefferminzlikör oder ähnlichem, sonst schmeckt der Drink nach nichts.

Es gibt eine Reihe von Getränken, die zwar eiskalt getrunken werden sollten, die jedoch auf keinen Fall mit auch nur einem Tropfen Wasser verdünnt werden dürfen – und wie schnell Eis zu Wasser wird, weiß jeder. Solche Spirituosen, wie Klarer, Wodka, Aquavit und Korn, gehören natürlich vorher ebenso in den Kühlschrank wie auch Weißwein, Roséwein,

Sekt und ganz besonders alle Limonaden und Wasser für Longdrinks, denn warm würden sie im Getränk das Eis viel zu schnell zum Schmelzen bringen.
Sehr originell und dekorativ ist es, Schnapsflaschen mit Wasser und ein paar Blumen in einem passenden Gefäß einzufrieren. So halten sie später ihre richtige Temperatur.
Wenn Sie auch etwas fürs Auge tun wollen, können Sie das Wasser vor dem Frieren mit Fruchtsäften, Waldmeister oder Grenadinesirup einfärben. Hübsch sind auch Eiswürfel, in die Pfefferminzblätter, Mandarinenstückchen, Oliven, Maraschinokirschen oder andere »Überraschungen« eingefroren sind.
Für einige Drinks benötigt man mehr oder weniger zerkleinertes Eis. Es gibt dafür Eismühlen. Man kann die Würfel auch in ein altes, sauberes Küchenhandtuch einschlagen und mit dem Fleischklopfer zerschlagen. Fizz-Eis darf dabei ziemlich grob bleiben (etwa wie Würfelzucker), während es für Cobblers und Frappés fast bis zu Schnee zertrümmert wird.

DER LETZTE PFIFF – DIE DEKORATION

Eine originelle Dekoration ist das Tüpfelchen auf dem i. Doch nicht für jeden Cocktail bietet sich die gleiche Verzierung an. Hier einige Vorschläge, wie Sie Ihre Drinks verschönen können.
Besonders beliebt, aber einfach herzustellen, ist ein Crustarand. Der Rand des Glases wird durch ein zusammengedrücktes Zitronenstück gedreht, so daß er ringsum angefeuchtet ist. Dann steckt man den Glasrand in möglichst feinen Zucker, der dann daran haften bleibt.
Zitrusfrüchte eignen sich auch sehr gut für die verschiedensten Dekorationen. Eine eingeschnittene Zitronen- oder Orangenscheibe paßt zu vielen Drinks und sieht immmer hübsch aus. Auch spiralförmig abgeschnittene Orangenschale, die sich um den Glasrand kringelt, ist ein Dekorationselement, das dem Cocktail auch noch zusätzlich Geschmack verleiht. Wichtig ist nur, daß Sie immer unbehandelte Früchte verwenden.
Ein Zweiglein Pfefferminze oder Zitronenmelisse gibt erfrischenden Cocktailgetränken den letzten Pfiff. Die fast schon obligatorisch gewordene Cocktailkirsche zum Verzieren von Drinks und Cocktails darf na-

türlich auch nicht vergessen werden. Wenn Früchte oder zum Beispiel Oliven im Spiel sind, bietet es sich an, die »festen« Bestandteile gleich auf kleine Cocktailspießchen aufzustecken und über den Glasrand zu legen.
Bunte, originelle Trinkhalme sind die einfachste Möglichkeit, einen Drink aufzupeppen. Es gibt sie in den verschiedensten Formen und Farbvariationen.
Inzwischen gibt es auch eine Vielzahl lustiger Rührstäbe, die Sie als Dekorationselement und Zeichen zum Wiedererkennen der Gläser für Ihre Gäste gut verwenden können.

KLEINE MENGENLEHRE

Um vor Überraschungen sicher zu sein, sollten Sie sich an die Maßangaben in den Rezepten halten. Die Basismenge aller Drinks und Cocktails ist die Mengenangabe cl. 1 cl ist 1 Hundertstel Liter, aber das wissen Sie sicher schon.

Üblicherweise hat ein Cocktail 4–6 cl alkoholische Bestandteile. 1 dash (Spritzer) ist etwa 1/10 cl. Wenn es heißt: »mit Sodawasser oder Sekt auffüllen«, so kommt es ganz darauf an, wie leicht oder kräftig man seinen Drink möchte. Im Sommer ist es manchmal ganz angenehm, wenn der Drink dadurch etwas leichter schmeckt. Auch Autofahrer wissen das zu schätzen.

APERITIFS

Cidre Cocktail

Zutaten für 4 Personen
2 cl Calvados
Cidre
Apfelschale

Zubereitung
1 Den Calvados in ein Ballonglas geben mit Cidre auffüllen und kurz umrühren.
2 Einen Apfel spiralförmig schälen und die Schale zur Dekoration über den Glasrand hängen.

Americano

Zutaten für 1 Glas
2 cl Campari
4 cl Vermouth Rosso
Orangenschale
Zitronenschale

Zubereitung
1 Alle Zutaten im Aperitifglas mit Eiswürfeln gut rühren.
2 Die Fruchtschalen über dem Glas knicken.

Tip
Sie können die verrührten Zutaten auch in einen Tumbler gießen und mit Soda auffüllen.

Campari Cocktail

Zutaten für 1 Glas
2 cl Campari
2 cl Gin
2 cl Vermouth Rosso
Orangenscheibe

Zubereitung
1 Die Zutaten im Shaker mit Eiswürfeln kräftig schütteln.
2 In eine Cocktailschale abseihen.
3 Mit der Orangenscheibe garnieren.

Adonis

Zutaten für 1 Glas
2 cl Vermouth Bianco
1 cl Vermouth Rosso
2 cl Sherry Fino
1 Spritzer Orange-Bitter

Zubereitung
1 Die Zutaten im Rührglas mit Eiswürfeln rühren.
2 In eine vorgekühlte Cocktailschale abseihen.

Originalrezept von Martinez

Zutaten für 1 Glas
3 cl Gin
3 cl Vermouth Dry
1 Olive

Zubereitung
1 In einem Rührglas Gin und Vermouth mit Eiswürfeln verrühren.
2 In ein vorgekühltes Cocktailglas abseihen.
3 Mit einer Olive dekorieren.

Martini Sweet

Zutaten für 1 Glas
4 cl Gin
2 cl Vermouth Rosso
1 Cocktailkirsche

Zubereitung
1 In einem Rührglas Gin und Vermouth mit Eiswürfeln verrühren.
2 In eine Cocktailschale abseihen.
3 Mit der Kirsche verzieren.

Martini Medium Cocktail

Zutaten für 1 Glas
4 cl Gin
1 cl Vermouth Rosso
1 cl Vermouth Dry
2 cm Zitronenschale

Zubereitung
1 In einem Rührglas Gin und Vermouth mit Eiswürfeln verrühren.
2 In eine Cocktailschale abseihen.
3 Die Zitronenschale darüber ausdrücken.

Martini Dry

Zutaten für 1 Glas
5 cl Gin
1 cl Vermouth Dry
1 Olive

Zubereitung
1 Gin und Vermouth mit Eiswürfeln im Rührglas mischen.
2 In ein Cocktailglas abseihen.
3 Mit einer Olive verzieren.

Manhattan Dry

Zutaten für 1 Glas
4 cl Canadian Whiskey
2 cl Vermouth Dry
Zitronenschale

Zubereitung
1 Whiskey und Vermouth im Rührglas mit Eiswürfeln gut rühren.
2 In eine vorgekühlte Cocktailschale abseihen.
3 Die Zitronenschale über dem Glas knicken.

Manhattan Medium Cocktail

Zutaten für 1 Glas
4 cl Canadian Whiskey
1 cl Vermouth Dry
1 cl Vermouth Rosso
Zitronenschale

Zubereitung
1 Whiskey und Vermouth im Rührglas mit Eiswürfeln gut rühren.
2 In eine vorgekühlte Cocktailschale abseihen.
3 Mit der Zitronenschale darüberspritzen.

Manhattan

Zutaten für 1 Glas
4 cl Canadian Whiskey
2 cl Vermouth Rosso
1 dash Angostura
Cocktailkirsche

Zubereitung
1 Whiskey, Vermouth und Angostura im Rührglas mit Eiswürfeln gut rühren.
2 In eine vorgekühlte Cocktailschale abseihen.
3 Mit der Cocktailkirsche garnieren.

Bronx

Zutaten für 1 Glas
4 cl Gin
2 cl Vermouth Rosso
3 cl Orangensaft
2 cm Orangenschale

Zubereitung
1 Gin, Vermouth und Orangensaft im Shaker mit Eiswürfeln schütteln.
2 In eine vorgekühlte Cocktailschale abseihen.
3 Die Schale über dem Glas knicken.

Bamboo

Zutaten für 1 Glas
3 cl Sherry Fino
3 cl Vermouth Dry
1 Spritzer Orange-Bitter
Zitronenscheibe

Zubereitung
1 Im Rührglas Sherry, Vermouth und Orange-Bitter mit Eiswürfeln gut verrühren.
2 In eine Cocktailschale abseihen.
3 Mit der Zitronenscheibe garnieren.

American Beauty Cocktail

Zutaten für 1 Glas
2 cl Cognac
1 cl Vermouth Dry
1 cl Vermouth Rosso
0,5 cl Crème de Menthe, grün
2 cl Orangensaft
etwas Portwein

Zubereitung
1 Alle Zutaten außer dem Portwein im Shaker mit Eiswürfeln schütteln.
2 In einen mit Eiswürfeln gefüllten Tumbler abseihen.
3 Langsam Portwein darüberfließen lassen.

Fancy Campari

Zutaten für 1 Glas
4 cl Campari, 2 cl Wodka
2 Spritzer Angostura

Zubereitung
1 Alle Zutaten: Im Shaker mit Eiswürfeln schütteln.
2 In ein Cocktailglas abseihen.

Campari Soda

Zutaten für 1 Glas
5 cl Campari
1/2 Zitronenscheibe
Soda

Zubereitung
1 Den Campari mit Eis und der Zitronenscheibe in einen großen Tumbler geben.
2 Mit Soda auffüllen.
Statt Soda können Sie auch Tonic water, Bitter lemon oder Seven up nehmen.

Campari and Tonic

Zutaten für 1 Glas
5 cl Campari
Tonic water
oder Bitter lemon

Zubereitung
Den Campari mit Tonic water oder Bitter lemon auffüllen.

Rallo

Zutaten für 1 Glas
4 cl Marsala
2 cl Cognac
2 cl Orangensaft
Orangenscheibe

Zubereitung
1 Marsala, Cognac und Orangensaft im Shaker mit Eiswürfeln gut schütteln.
2 In ein Aperitifglas abseihen.
3 Mit der Orangenscheibe garnieren.

Berlenga

Zutaten für 1 Glas
6 cl weißer Portwein
2 cl Gin
Zitronenscheibe

Zubereitung
1 Portwein und Gin im Shaker mit Eiswürfeln schütteln.
2 In ein Aperitifglas abseihen.
3 Mit der Zitronenscheibe garnieren.

Tomate

Zutaten für 1 Glas
2 cl Pastis
1 cl Grenadine
Wasser

Zubereitung
1 Pastis und Grenadine in ein Aperitifglas geben.
2 Mit Eiswürfeln umrühren und mit Wasser auffüllen.

Tip
Lassen Sie Ihrer Phantasie beim Dekorieren der Cocktails freien Lauf. Hier einige Beispiele.

Port Sangaree

Zutaten für 1 Glas
4 cl roter Portwein
1 cl Curaçao blue
1 cl Zuckersirup
Muskatnuß

Zubereitung
1 Den Shaker halbvoll mit Eis füllen.
2 Die Zutaten im Shaker gut schütteln.
3 In eine Cocktailschale abseihen und mit geriebener Muskatnuß bestreuen.

Five o'clock

Zutaten für 1 Glas
2 cl Gin
2 cl weißer Rum
2 cl Vermouth Rosso
2 cl Orangensaft

Zubereitung
1 Alle Zutaten im Shaker mit Eiswürfeln gut schütteln.
2 In eine vorgekühlte Cocktailschale abseihen.

Rolls Royce

Zutaten für 1 Glas
2 cl Gin
2 cl Vermouth Dry
2 cl Vermouth Rosso
1 dash Bénédictine

Zubereitung
1 Alle Zutaten im Rührglas mit Eiswürfeln gut rühren.
2 Dann in eine Cocktailschale abseihen.

Eastwind

Zutaten für 1 Glas
2 cl Wodka, 2 cl Vermouth Dry
2 cl Vermouth Rosso
je 1/2 Orangen- und Zitronenscheibe

Zubereitung
1 Wodka und Vermouth im Aperitifglas mit Eiswürfeln rühren.
2 Mit den Fruchtscheiben garnieren.

Fallen Leaves

Zutaten für 1 Glas
2 cl Calvados
2 cl Vermouth Rosso
1 cl Vermouth Dry
2 cm Zitronenschale

Zubereitung
1 Calvados und Vermouth im Rührglas mit Eiswürfeln rühren.
2 In eine vorgekühlte Cocktailschale abseihen. Die Zitronenschale über dem Glas knicken.

Cynar Cocktail

Zutaten für 1 Glas
3 cl Cynar
3 cl Vermouth Bianco
Orangenscheibe

Zubereitung
1 Cynar und Vermouth mit Eiswürfeln in einem Aperitifglas verrühren.
2 Den Cocktail mit der Orangenscheibe garnieren.

Dubonnet Creme

Zutaten für 1 Glas
6 cl Dubonnet
3 cl Crème de Cassis
Soda, 2 dash Zitronensaft
Zitronenscheibe

Zubereitung
1 Dubonnet und Crème de Cassis mit Eiswürfeln in einem Longdrinkglas verrühren.
2 Mit Soda auffüllen, Zitronensaft dazugeben und mit der Zitronenscheibe garnieren.

April Shower

Zutaten für 1 Glas
3 cl Cognac
1 cl Bénédictine
3 cl Orangensaft

Zubereitung
1 Alle Zutaten im Shaker mit Eiswürfeln kräftig schütteln.
2 Anschließend das Ganze in eine vorgekühlte Cocktailschale gießen.

Rose

Zutaten für 1 Glas
3 cl Vermouth Dry
3 cl Kirschwasser
1 dash Grenadine

Zubereitung
1 Alle Zutaten im Rührglas mit Eiswürfeln rühren.
2 Anschließend in eine vorgekühlte Cocktailschale abseihen.

COCKTAILS MIT CHAMPAGNER UND SEKT

Limettensekt

Zutaten für 1 Glas
3 cl Limettenlikör
3 cl Bitter lemon
Sekt
1 Limettenscheibe

Zubereitung
1 Likör und Bitter lemon in eine Champagnerschale gießen.
2 Anschließend mit Sekt auffüllen.
3 Mit der Limettenscheibe garnieren.

Southern Trip

Zutaten für 1 Glas
4 cl Southern Comfort
2 cl Orangensaft
Champagner

Zubereitung
1 Southern Comfort und Orangensaft in eine vorgekühlte Sektschale geben.
2 Mit Champagner auffüllen.

Bellini

Zutaten für 1 Glas
5 cl Pfirsichsaft
1 dash Apricot Brandy
Champagner

Zubereitung
1 Pfirsichsaft und Apricot Brandy im Champagnerglas verrühren.
2 Dann mit Champagner auffüllen.

Chicago

Zutaten für 1 Glas
2 cl Cognac
1 Barlöffel Cointreau
1 dash Angostura
Champagner

Zubereitung
1 Cognac und Cointreau im Rührglas mit Eiswürfeln rühren.
2 Anschließend in ein Champagnerglas abseihen.
3 Anschließend mit Champagner auffüllen.

French 75

Zutaten für 1 Glas
3 cl Gin
1 cl Zitronensaft
1 TL Zuckersirup
Champagner

Zubereitung
1 Gin, Zitronensaft und Zuckersirup im Shaker gut schütteln.
2 Anschließend in ein Champagnerglas abseihen.
3 Mit Champagner auffüllen.

Tip
Statt echtem Champagner können Sie auch Sekt nach Belieben verwenden.

French 76

Zutaten für 1 Glas
3 cl Wodka
1 cl Zitronensaft
1 TL Zuckersirup oder Grenadine
Champagner

Zubereitung
1 Wodka und Zitronensaft mit Zuckersirup im Shaker gut schütteln.
2 In ein Champagnerglas abseihen.
3 Mit Champagner auffüllen.

Vulcano

Zutaten für 1 Glas
2 cl Himbeergeist
2 cl Curaçao blue
Champagner
2 cm Orangenschale

Zubereitung
1 Schnaps und Likör in ein Champagnerglas gießen.
2 Die Orangenschale über dem Glas knicken.
3 Umrühren und mit Champagner auffüllen.

Champagner Daisy

Zutaten für 1 Glas
1 cl Grenadine
1 cl Zitronensaft
2 cl Chartreuse gelb
Champagner
Erdbeere oder Kirsche

Zubereitung
1 Grenadine, Zitronensaft und Chartreuse im Shaker mit Eiswürfeln mischen.
2 In eine Cocktailschale abseihen.
3 Mit Champagner auffüllen und mit einer Frucht garnieren.

Gaston Longdrink

Zutaten für 1 Glas
4 cl Cognac
1 cl Galliano
1 cl Amaretto
Champagner
Früchte der Saison

Zubereitung
1 Cognac, Galliano und Amaretto im Longdrinkglas mit Eiswürfeln gut verrühren.
2 Mit Champagner auffüllen und mit den Früchten garnieren.

Champagner Orange

Zutaten für 1 Glas
2 cl Curaçao (wenn möglich Curaçao orange)
Champagner
Orangenschale

Zubereitung
1 Den Curaçao in eine Champagnerflöte gießen.
2 Mit Champagner auffüllen.
3 Eine etwa 10 cm lange Orangenschale als Dekoration in das Glas geben.

James Bond

Zutaten für 1 Glas
4 cl Wodka
1 dash Angostura
Champagner

Zubereitung
1 Wodka und Angostura in einer Champagnerschale verrühren.
2 Anschließend mit Champagner auffüllen.

Kalte Ente

Zutaten für 1 Glas
5 cl Weißwein
Champagner
1 Stück Zitronenschale

Zubereitung
1 Weißwein und Champagner in eine Champagnerschale geben.
2 Das Stück Zitronenschale dazugeben.

Fruchtsekt

Zutaten für 1 Glas
1 cl Cognac
2 cl Apricot Brandy
5 cl Orangensaft, Sekt
Cocktailkirsche

Zubereitung
1 Cognac, Apricot Brandy und Orangensaft im Shaker mit Eis schütteln.
2 In eine Sektschale gießen.
3 Mit Sekt auffüllen und mit der Kirsche garnieren.

Aprikosensekt

Zutaten für 1 Glas
2 cl Apricot Brandy
3 cl weißer Rum
Sekt

Zubereitung
1 Apricot Brandy und Rum im Rührglas mit Eiswürfeln mischen.
2 In eine Sektschale abseihen.
3 Mit Sekt auffüllen.

Kiwisekt

Zutaten für 1 Glas
1 cl Kiwilikör
1 cl Zitronensaft
Sekt
Kiwischeiben

Zubereitung
1 Kiwilikör und Zitronensaft in ein Longdrinkglas geben.
2 Mit Sekt auffüllen und ganz kurz umrühren.
3 Mit den Kiwischeiben dekorieren.

Kir Royal

Zutaten für 1 Glas
1,5 cl Crème de Cassis
Champagner

Zubereitung
1 Crème de Cassis in eine Sektflöte geben.
2 Anschließend mit Champagner auffüllen.

Tip
Der klassische Kir besteht aus Crème de Cassis und Weißwein.

Kir Imperial

Zutaten für 1 Glas
2 cl Crème de Cassis
2 cl Wodka
Champagner

Zubereitung
1 In einen Champagnerkelch Crème de Cassis und Wodka gießen.
2 Umrühren und anschließend mit Champagner auffüllen.

COCKTAILS UND LONGDRINKS

White Lady

Zutaten für 1 Glas
4 cl Gin
2 cl Curaçao Triple Sec
2 cl Zitronensaft

Zubereitung
1 Alle Zutaten im Shaker mit Eiswürfeln kräftig schütteln.
2 Anschließend sofort in eine vorgekühlte Cocktailschale abseihen.

Pink Lady

Zutaten für 1 Glas
4 cl Gin
2 cl Calvados
1 cl Grenadine
1 cl Zitronensaft

Zubereitung
1 Alles im Shaker mit Eiswürfeln schütteln.
2 Anschließend in eine Cocktailschale abseihen.

Adam & Eve

Zutaten für 1 Glas
2 cl Gin, 2 cl Drambuie
2 cl Amaretto
1 cl Zitronensaft
1 dash Grenadine
Zitronenscheibe
Cocktailkirsche

Zubereitung
1 Gin, Drambuie, Amaretto und Zitronensaft im Shaker mit Eiswürfeln gut schütteln.
2 In eine Cocktailschale abseihen und mit den Früchten garnieren.

Silver Moon

Zutaten für 1 Glas
2 cl Gin
2 cl Apricot Brandy
2 cl Orangensaft
Orangenscheibe

Zubereitung
1 Gin, Apricot Brandy und Orangensaft im Shaker mit Eiswürfeln schütteln.
2 In eine Cocktailschale abseihen und mit der Orange dekorieren.

Tip
Eine Blutorangenschale gibt dem Cocktail Abendrot-stimmung.

Golden Fizz

Zutaten für 1 Glas
6 cl Gin
3 cl Zitronensaft
2 cl Zuckersirup
1 Eigelb
Soda

Zubereitung
1 Gin, Zitronensaft, Zucker und Eigelb im Shaker mit Eiswürfeln kräftig schütteln.
2 In ein mit Eis gefülltes Longdrinkglas abseihen.
3 Mit Soda auffüllen.

Alaska

Zutaten für 1 Glas
4 cl Gin
2 cl Chartreuse gelb
1 dash Orange bitter
Orangenscheibe

Zubereitung
1 Gin, Chartreuse und Orange bitter im Rührglas mit Eiswürfeln rühren.
2 In eine vorgekühlte Cocktail-schale abseihen.
3 Mit der Orangenscheibe dekorieren.

Tom Collins

Zutaten für 1 Glas
5 cl Gin
2 cl Zitronensaft
2 cl Zuckersirup
Soda
Zitronenscheibe

Zubereitung
1 Gin, Zitronensaft und Zuckersirup im Tumbler mit Eiswürfeln verrühren.
2 Mit Soda auffüllen und mit der Zitronenscheibe garnieren.

Bull Dog Cooler

Zutaten für 1 Glas
3 cl Gin
3 cl Orangensaft
1 cl Curaçao Triple Sec
Ginger ale
Orangenscheibe

Zubereitung
1 Gin, Orangensaft und Curaçao im Shaker mit Eiswürfeln schütteln.
2 Dann in ein Longdrinkglas abseihen.
3 Mit Ginger ale auffüllen und mit der Orangenscheibe dekorieren.

Park Lane

Zutaten für 1 Glas
4 cl Gin
2 cl Apricot Brandy
4 cl Orangensaft
1 dash Grenadine
1 dash Zitronensaft

Zubereitung
1 Alle Zutaten im Shaker mit Eiswürfeln gut schütteln.
2 Anschließend sofort in eine vorgekühlte Cocktailschale abseihen.

Maxim Cocktail

Zutaten für 1 Glas
3 cl Gin
2 cl Vermouth Rosso
1 cl Crème de Cacao weiß

Zubereitung
1 Alle Zutaten im Rührglas mit Eiswürfeln rühren.
2 Dann in eine Cocktailschale abseihen.

Tango

Zutaten für 1 Glas
2 cl Gin, 2 cl Vermouth Rosso
2 cl Cointreau, 8 cl Orangensaft
2 cl Zitronensaft
Orangenscheibe
Cocktailkirsche

Zubereitung
1 Gin, Vermouth, Cointreau und Saft im Shaker mit Eiswürfeln gut schütteln.
2 Anschließend sofort in ein Longdrinkglas abseihen.
3 Crash-Eis einfüllen, mit Früchten garnieren.

Blue Eyes

Zutaten für 1 Glas
3 cl Gin
2 cl Vermouth Bianco
1 cl Curaçao blue
Ginger ale
Orangenscheibe
Cocktailkirsche

Zubereitung
1 Gin, Vermouth und Curaçao über Eiswürfel in ein Longdrinkglas gießen.
2 Mit Ginger ale auffüllen und mit den Früchten garnieren.

Bijou

Zutaten für 1 Glas
3 cl Gin
2 cl Vermouth Dry
1 cl Chartreuse grün

Zubereitung
1 Alle Zutaten im Rührglas mit Eiswürfeln rühren.
2 Anschließend in eine vorgekühlte Cocktailschale abseihen.

Red Lion

Zutaten für 1 Glas
3 cl Gin
2 cl Grand Marnier
3 cl Orangensaft
1 cl Zitronensaft
1 dash Grenadine

Zubereitung
1 Alle Zutaten im Shaker mit Eiswürfeln kräftig schütteln.
2 Sofort in eine vorgekühlte Cocktailschale abseihen.

Silver Fizz

Zutaten für 1 Glas
6 cl Gin, 3 cl Zitronensaft
2 cl Zuckersirup
1 Eiweiß
Soda

Zubereitung
1 Gin, Zitronensaft, Zuckersirup und Eiweiß im Shaker mit Eiswürfeln lange schütteln.
2 Anschließend in ein mit Eiswürfeln gefülltes Longdrinkglas abseihen.
3 Mit Soda auffüllen.

Opera

Zutaten für 1 Glas
3 cl Gin
3 cl Dubonnet
1 dash Maraschino

Zubereitung
1 Alle Zutaten im Rührglas mit Eiswürfeln gut verrühren.
2 Anschließend sofort in eine Cocktailschale abseihen.

Casablanca

Zutaten für 1 Glas
3 cl Wodka
2 cl Eierlikör
2 cl Zitronensaft
4 cl Orangensaft

Zubereitung
1 Alle Zutaten im Shaker mit Eiswürfeln gut schütteln.
2 Anschließend in ein mit Crash-Eis halbvoll gefülltes Longdrinkglas abseihen.

Finlady

Zutaten für 1 Glas
4 cl Wodka
2 cl Apricot Brandy
1 cl Zitronensaft

Zubereitung
1 Alle Zutaten im Shaker mit Eiswürfeln mischen.
2 Dann sofort in ein Cocktailglas abseihen.

Green Spider

Zutaten für 1 Glas
4 cl Wodka
2 cl Pfefferminzsirup
Soda
Minzezweig

Zubereitung
1 In ein Longdrinkglas Eiswürfel geben.
2 Dann Wodka und Pfefferminzsirup dazugeben.
3 Mit Soda aufgießen und umrühren.
4 Mit der Minze garnieren.

Lover's Nocturne

Zutaten für 1 Glas
4 cl Wodka
1 cl Drambuie
1 dash Angostura

Zubereitung
1 Alle Zutaten im Mixglas mit Eiswürfeln kräftig rühren.
2 Anschließend in eine vorgekühlte Cocktailschale abseihen.

Greyhound

Zutaten für 1 Glas
6 cl Wodka
6 cl Grapefruitsaft

Zubereitung
1 Wodka und Saft in ein Longdrinkglas geben.
2 Mit Eiswürfeln verrühren.

Moscow Mule

Zutaten für 1 Glas
6 cl Wodka
Ginger ale
1 dash Zitronensaft
Zitronenschale

Zubereitung
1 Wodka, Ginger ale und Zitronensaft im Longdrinkglas mit Eiswürfeln mischen.
2 Die Zitronenschale ins Glas geben.

Morton's Special

Zutaten für 1 Glas
4 cl Wodka
2 cl Tequila
4 cl Orangensaft
1 dash Grenadine

Zubereitung
1 Alle Zutaten im Shaker mit Eiswürfeln schütteln.
2 Anschließend sofort in eine gut vorgekühlte Cocktailschale abseihen.

Le Mans

Zutaten für 1 Glas
3 cl Wodka
3 cl Cointreau
Soda
Zitronenscheibe

Zubereitung
1 Im Tumbler Wodka und Cointreau mit Eiswürfeln verrühren.
2 Anschließend mit Soda auffüllen.
3 Mit der Zitronenscheibe garnieren.

Hair Raiser

Zutaten für 1 Glas
2 cl Wodka
2 cl Dubonnet
2 cl Tonic water

Zubereitung
1 Alle Zutaten in einen Tumbler geben.
2 Mit Eiswürfeln langsam verrühren.

Swinger

Zutaten für 1 Glas
4 cl Wodka
2 cl Amaretto
1 cl Limettensaft
8 cl Orangensaft
Orangenscheibe

Zubereitung
1 Wodka, Amaretto, Limetten- und Orangensaft im Shaker mit Eiswürfeln kräftig schütteln.
2 Anschließend in ein Longdrinkglas abseihen.
3 Mit der Orangenscheibe garnieren.

Salty Dog

Zutaten für 1 Glas
5 cl Grapefruitsaft
Salz
5 cl Wodka

Zubereitung
1 Den Rand einer Cocktailschale erst in den Saft, dann in Salz tauchen.
2 Saft und Wodka im Shaker mit Eiswürfeln schütteln.
3 Anschließend in die Cocktailschale abseihen.

Harvey Wallbanger

Zutaten für 1 Glas
4 cl Wodka, 2 cl Galliano
10 cl Orangensaft

Zubereitung
1 Alle Zutaten in ein Longdrinkglas geben.
2 Mit Eiswürfeln verrühren.

Wolga Clipper

Zutaten für 1 Glas
3 cl Wodka
2 cl Apricot Brandy
3 cl Orangensaft

Zubereitung
1 Alle Zutaten im Shaker mit Eiswürfeln schütteln.
2 Sofort in eine vorgekühlte Cocktailschale abseihen.

Bloody Mary

Zutaten für 1 Glas
4 cl Wodka
1 cl Zitronensaft
10 cl Tomatensaft
Selleriesalz, Pfeffer
Tabasco
Worcestershiresauce

Zubereitung
1 Alle Zutaten im Shaker mit Eiswürfeln kräftig schütteln.
2 Dann in ein Longdrinkglas abseihen.

Apricot Daily

Zutaten für 1 Glas
4 cl Wodka
2 cl Apricot Brandy
1 cl Zitronensaft
Bitter lemon
Cocktailkirsche

Zubereitung
1 In einem Shaker Wodka, Brandy und Zitronensaft mit Eiswürfeln schütteln.
2 In ein Longdrinkglas abseihen und mit Bitter lemon aufgießen.
3 Mit der Kirsche garnieren.

Bloody Ball

Zutaten für 1 Glas
5 cl Wodka
5 cl Tomatensaft
5 cl Consommé
Salz, Pfeffer
Worcestershiresauce

Zubereitung
Alle Zutaten im Longdrinkglas mit Eiswürfeln verrühren.

Bull Shot

Zutaten für 1 Glas
5 cl Wodka
10 cl Consommé
Salz, Pfeffer

Zubereitung
Alle Zutaten im Longdrinkglas mit Eiswürfeln verrühren.

Screwdriver

Zutaten für 1 Glas
4 cl Wodka
10 cl Orangensaft

Zubereitung
Wodka und Orangensaft im Longdrinkglas mit Eiswürfeln verrühren.

Silver Wodka Fizz

Zutaten für 1 Glas
6 cl Wodka, 3 cl Zitronensaft
2 cl Zuckersirup
1 Eiweiß
Soda

Zubereitung
1 Wodka, Zitronensaft, Zuckersirup und Eiweiß im Shaker mit Eiswürfeln lange schütteln.
2 In ein mit Eiswürfeln gefülltes Longdrinkglas abseihen.
3 Mit Soda auffüllen.

Russian Car

Zutaten für 1 Glas
4 cl Wodka
1 cl Galliano
1 cl Crème de Cacao weiß
4 cl Sahne

Zubereitung
1 Alle Zutaten im Shaker mit Eiswürfeln gut schütteln.
2 Anschließend in eine Cocktailschale abseihen.

Tip
Bei Cocktails mit Sahne stets sorgfältig und schnell arbeiten. Die Sahne immer als letztes zufügen und nicht länger als 10 bis 20 Sekunden schütteln.

Amato

Zutaten für 1 Glas
2 cl Wodka
2 cl Vermouth Dry
2 cl Mandarinenlikör
2 cm Orangenschale

Zubereitung
1 Wodka, Vermouth und Likör im Mixglas mit Eiswürfeln gut rühren.
2 Anschließend in ein Cocktailglas abseihen.
3 Die Orangenschale über dem Glas knicken und Eiswürfel dazugeben.

Silver Rum Fizz

Zutaten für 1 Glas
6 cl Rum
3 cl Zitronensaft
2 cl Zuckersirup
1 Eiweiß
Soda

Zubereitung
1 Rum, Zitronensaft, Zuckersirup und Eiweiß im Shaker mit Eiswürfeln lange schütteln.
2 Anschließend in ein mit Eiswürfeln gefülltes Longdrinkglas abseihen.
3 Mit Soda auffüllen.

Rum Sour

Zutaten für 1 Glas
5 cl weißer oder brauner Rum
2 cl Zuckersirup
2 cl Zitronensaft, Soda
Zitronenscheibe, Cocktailkirsche

Zubereitung
1 Rum, Zuckersirup und Zitronensaft im Shaker mit Eiswürfeln schütteln.
2 In ein Sour-Glas abseihen.
3 Einen Spritzer Soda dazugießen und mit Zitrone und Kirsche garnieren.

Rum Highball

Zutaten für 1 Glas
4 cl brauner Rum, Ginger ale
3 Limettenscheiben

Zubereitung
1 In ein Longdrinkglas Eiswürfel geben.
2 Rum und Ginger ale daraufgießen.
3 Die Schalen der Limetten jeweils einmal einschneiden und 2 cm lang von dem Fruchtfleisch trennen. In das Glas geben.

Con-Tico

Zutaten für 1 Glas
3 cl weißer Rum
1 cl Southern Comfort
1 cl Cointreau
1 cl Rosso Antico
12 cl Ananassaft
Ananasscheibe
Orangenscheibe
Cocktailkirsche

Zubereitung
1 Rum, Southern Comfort, Cointreau, Rosso Antico und Saft im Shaker mit Eiswürfeln gut schütteln.
2 Anschließend in ein Superlongdrinkglas abseihen.
3 Mit den Früchten dekorieren.

Looking at you

Zutaten für 1 Glas
10 cl Orangensaft
Zucker, 2 cl weißer Rum
1 cl brauner Rum
3 cl Sambuca
Orangenscheibe, Cocktailkirsche

Zubereitung
1 Den Rand eines Longdrinkglases in etwas Saft und dann in Streuzucker tauchen.
2 Rum, Sambuca und Orangensaft mit Eiswürfeln im Shaker gut mixen.
3 In das Glas abseihen.
4 Mit zerhacktem Eis auffüllen und mit den Früchten garnieren.

Acapulco

Zutaten für 1 Glas
4 cl weißer Rum
1 cl Curaçao blue
2 cl Zitronensaft
2 cl Limettensaft
Cocktailkirsche
Limettenscheibe

Zubereitung
1 Rum, Likör und Säfte im Shaker mit Eiswürfeln schütteln.
2 Anschließend in ein mit Crash-Eis halbvoll gefülltes Longdrinkglas abseihen.
3 Mit den Früchten dekorieren.

Cuba Libre

Zutaten für 1 Glas
4 cl weißer Rum
Coca Cola
1 cl Zitronensaft
Zitronenscheibe

Zubereitung
1 In ein Longdrinkglas Eiswürfel geben.
2 Rum und Zitronensaft darübergießen.
3 Mit Cola auffüllen und mit der Zitronenscheibe verzieren.

Rauhreif

Zutaten für 1 Glas
Zitronensaft
Streuzucker
2 cl brauner Rum
2 cl Gin
1 cl Zitronensaft
1 cl Curaçao Triple Sec
1 Barlöffel Grenadine

Zubereitung
1 Den Rand einer Cocktailschale zuerst in Zitronensaft, dann in Zucker tauchen.
2 Im Shaker Rum, Gin, Saft, Likör und Grenadine mit Eiswürfeln schütteln.
3 Anschließend in die Schale abseihen.

Tropical Wonder

Zutaten für 1 Glas
4 cl weißer Rum
4 cl Passionsfruchtsaft
4 cl Orangensaft
4 cl Ananassaft
Zitronenmelisse
Orangenscheibe
Ananasscheibe
Limettenscheibe

Zubereitung
1 Rum und Säfte im Shaker mit Eiswürfeln schütteln.
2 Anschließend in ein Longdrinkglas abseihen.
3 Zitronenmelisse und die Fruchtscheiben ins Glas stecken.

Pina Colada

Zutaten für 1 Glas
5 cl weißer Rum
5 cl Coconut cream
5 cl Ananassaft
Ananasscheibe

Zubereitung
1 Rum, Coconut cream und Saft im Shaker mit Eiswürfeln gut schütteln.
2 In ein mit Crash-Eis halbvoll gefülltes Superlongdrinkglas abseihen.
3 Mit der Ananas dekorieren.

El Presidente

Zutaten für 1 Glas
2 cl weißer Rum
1 cl Curaçao Triple Sec
2 cl Vermouth Dry
1 cl Vermouth Rosso
1 dash Grenadine

Zubereitung
1 Rum, Likör, Vermouth und Grenadine im Rührglas mit Eiswürfeln gut umrühren.
2 In eine vorgekühlte Cocktailschale abseihen.

Carabinieri

Zutaten für 1 Glas
3 cl Tequila
2 cl Galliano
2 cl Limettensaft
8 cl Orangensaft
1 Eigelb

Zubereitung
1 Alle Zutaten im Shaker mit Eiswürfeln gut schütteln.
2 Anschließend in ein mit Crash-Eis halbvoll gefülltes Longdrinkglas abseihen.

Jalapa

Zutaten für 1 Glas
3 cl Tequila
3 cl Limettensaft
3 cl Maracujasaft

Zubereitung
1 Alle Zutaten im Shaker mit Eiswürfeln gut schütteln.
2 Anschließend das Ganze in eine vorgekühlte Cocktailschale abseihen.

El Diabolo

Zutaten für 1 Glas
4 cl Tequila
2 cl Crème de Cassis
1 cl Limettensaft
Ginger ale
Limettenscheibe

Zubereitung
1 Ein Longdrinkglas mit Eiswürfeln füllen.
2 Tequila, Crème de Cassis und Saft hineingießen.
3 Mit Ginger ale auffüllen und langsam umrühren.
4 Mit der Limettenscheibe garnieren.

Knock out

Zutaten für 1 Glas
5 cl Tequila, 1 cl Galliano
2 cl Zitronensaft
1 cl Orangensaft

Zubereitung
1 Alle Zutaten im Shaker mit Eiswürfeln gut schütteln.
2 Anschließend in eine vorgekühlte Cocktailschale abseihen.

Tequila Mary

Zutaten für 1 Glas
5 cl Tequila, 10 cl Tomatensaft
1 cl Zitronensaft
Selleriesalz, Tabasco
Worcestershiresauce

Zubereitung
1 Tequila, Tomaten- und Zitronensaft in den Shaker geben.
2 Nach Geschmack würzen und mit Eiswürfeln gut schütteln.
3 Anschließend in ein Longdrinkglas abseihen.

Brave Ball

Zutaten für 1 Glas
3 cl Tequila
3 cl Kahlúa

Zubereitung
1 Den Tequila und den Kahlúa im Rührglas mit Eiswürfeln gut verrühren.
2 Anschließend sofort in ein gut vorgekühltes Sherryglas abseihen.

Tequila Sunrise

Zutaten für 1 Glas
6 cl Tequila
2 cl Grenadine
1 dash Zitronensaft
10 cl Orangensaft

Zubereitung
1 In ein halbvoll mit Crash-Eis gefülltes Superlongdrinkglas Tequila, Grenadine und Zitronenspritzer geben.
2 Langsam mit Orangensaft auffüllen und umrühren.

Wild Irish Rose

Zutaten für 1 Glas
4 cl Irish Whiskey
1 cl Zitronensaft
1 cl Grenadine
Soda, 1 Orangenscheibe

Zubereitung
1 Whiskey, Zitronensaft und Grenadine im Shaker mit Eiswürfeln schütteln.
2 In einen mit Eiswürfeln gefüllten Tumbler abseihen.
3 Mit Soda auffüllen und die Orangenscheibe dazugeben.

Old Fashioned

Zutaten für 1 Glas
1 Zuckerwürfel
1 dash Angostura
Orangenscheibe, Zitronenscheibe
Cocktailkirsche
5 cl Bourbon Whiskey, Soda

Zubereitung
1 In einen Tumbler den Zuckerwürfel geben, mit Angostura beträufeln und zerdrücken.
2 Früchte, Whiskey und Eiswürfel hinzufügen, verrühren und mit Soda aufgießen.

Rickey

Zutaten für 1 Glas
4 cl Scotch Whisky
1 cl Zitronensaft
1 cl Limettensaft, Soda
Limettenscheibe, Zitronenscheibe

Zubereitung
1 Im Shaker den Whisky mit Zitronen- und Limettensaft und Eiswürfeln kräftig schütteln.
2 In ein Longdrinkglas abseihen. Mit Soda auffüllen und mit den Früchten garnieren.

Canadian Summer

Zutaten für 1 Glas
3 cl Canadian Whiskey
1 cl Crème de Menthe, grün
Soda

Zubereitung
1 Whiskey und Pfefferminzlikör in einen Tumbler gießen und kurz umrühren.
2 Eiswürfel dazugeben und mit Soda auffüllen.

Colonel Collins

Zutaten für 1 Glas
6 cl Bourbon Whiskey
3 cl Zitronensaft
2 cl Zuckersirup, Soda
Zitronenscheibe
Cocktailkirsche

Zubereitung
1 Whiskey, Zitronensaft und Zuckersirup im Shaker mit Eiswürfeln kräftig schütteln.
2 In ein mit Eiswürfeln gefülltes Longdrinkglas abseihen.
3 Mit Soda auffüllen und mit den Früchten garnieren.

Ohio Old Fashioned

Zutaten für 1 Glas
5 cl Bourbon Whiskey
1 dash Angostura

Zubereitung
Whiskey und Angostura im Tumbler auf zwei Eiswürfeln verrühren.

Lord Byron

Zutaten für 1 Glas
3 cl Scotch Whisky
1 cl Orangenlikör
1 cl Rosso antico
1 dash Angostura
Orangenscheibe

Zubereitung
1 Whisky mit Orangenlikör, Rosso antico und Angostura im Mixglas mit Eiswürfeln gut rühren.
2 In einen Tumbler abseihen.
3 Mit einer Orangenscheibe garnieren.

Morning Glory

Zutaten für 1 Glas
6 cl Bourbon Whiskey
3 cl Zitronensaft
1 cl Zuckersirup
1 dash Pastis, 1 Eiweiß

Zubereitung
1 Die Zutaten im Shaker mit Eiswürfeln gut schütteln.
2 In ein Sour-Glas abseihen.

Whiskey Twist

Zutaten für 1 Glas
4 cl Irish Whiskey
1 cl Zitronensaft
1 Barlöffel Cherry Brandy
1 Barlöffel Himbeersirup
Cocktailkirsche

Zubereitung
1 Alle flüssigen Zutaten im Rührglas mit Eiswürfeln gut verrühren.
2 In eine Cocktailschale abseihen. Mit der Cocktailkirsche garnieren.

Football Player

Zutaten für 1 Glas
3 cl Scotch Whisky
1 cl Cointreau
1 cl Grapefruitsaft

Zubereitung
1 Alle Zutaten im Shaker mit Eiswürfeln kräftig schütteln.
2 Anschließend in eine Cocktailschale abseihen.

Prince Charlie

Zutaten für 1 Glas
3 cl Scotch Whisky
2 cl Drambuie
1 cl Zitronensaft
Cocktailkirsche

Zubereitung
1 Im Shaker Scotch, Drambuie und Saft mit Eiswürfeln kräftig schütteln.
2 In eine Cocktailschale abseihen.
3 Mit der Cocktailkirsche garnieren.

Bourbon Dream

Zutaten für 1 Glas
3 cl Bourbon Whiskey
3 cl Apricot Brandy
Orangensaft
Orangenscheibe, Cocktailkirsche

Zubereitung
1 Im Shaker Whiskey und Apricot Brandy mit Eiswürfeln gut schütteln. In ein Longdrinkglas abseihen.
2 Mit Orangensaft auffüllen und mit den Früchten garnieren.

Highland Moon

Zutaten für 1 Glas
3 cl Scotch Whisky
3 cl Drambuie, Zitronenscheibe
Cocktailkirsche

Zubereitung
1 Im Rührglas Whisky und Drambuie auf Eiswürfeln rühren.
2 In einen Tumbler abseihen.
3 Mit den Früchten dekorieren.

French Connection

Zutaten für 1 Glas
3 cl Cognac
3 cl Amaretto

Zubereitung
Cognac und Amaretto im Tumbler mit Eiswürfeln verrühren.

Green Love

Zutaten für 1 Glas
2 cl Cognac, 2 cl Curaçao blue
2 cl Mandarinenlikör
2 cl Zitronensaft
Zitronenscheibe

Zubereitung
1 Cognac, Curaçao und Mandarinenlikör im Shaker mit Eiswürfeln kräftig mixen.
2 In eine vorgekühlte Cocktailschale abseihen.
3 Mit der Zitrone garnieren.

Honeymoon

Zutaten für 1 Glas
4 cl Cognac
1 cl Cointreau
1 cl Weißwein
Orangenscheibe

Zubereitung
1 Cognac, Cointreau und Weißwein im Shaker mit Eiswürfeln gut mixen.
2 In eine vorgekühlte Cocktailschale abseihen.
3 Mit der Orangenscheibe garnieren.

Tip
Die honiggelbe Farbe dieses Drinks stand Pate für den Namen.

Daisy

Zutaten für 1 Glas
2 cl Cognac
3 cl Gin
1 cl Apricot Brandy
Zitronenscheibe

Zubereitung
1 Cognac, Gin und Apricot Brandy im Rührglas mit Eiswürfeln verrühren.
2 In eine Cocktailschale abseihen.
3 Mit einer Zitronenscheibe garnieren.

American Beauty

Zutaten für 1 Glas
2 cl Cognac
1 cl Vermouth Dry
1 cl Vermouth Rosso
0,5 cl Crème de Menthe weiß
2 cl Orangensaft
etwas Portwein

Zubereitung
1 Cognac, Vermouth, Likör und Orangensaft im Shaker mit Eiswürfeln schütteln.
2 In einen mit Eiswürfeln gefüllten Tumbler abseihen.
3 Langsam Portwein darüberfließen lassen.

New Orleans Side Car

Zutaten für 1 Glas
2 cl Brandy
2 cl weißer Rum
1 cl Curaçao Triple Sec
2 cl Zitronensaft
1 dash Pastis
1 dash Grenadine

Zubereitung
1 Alle Zutaten im Shaker mit Eiswürfeln kräftig mixen.
2 In eine vorgekühlte Cocktailschale abseihen.

Far West

Zutaten für 1 Glas
2 cl Cognac
2 cl Eierlikör
2 cl Vermouth Bianco
Zimt

Zubereitung
1 Im Shaker mit Eiswürfeln Cognac, Eierlikör und Vermouth kräftig schütteln.
2 In eine Cocktailschale abseihen.
3 Mit einer Prise Zimt bestreuen.

Apricot Orange

Zutaten für 1 Glas
3 cl Orangensaft
3 cl Aprikosensaft
4 cl Cointreau
1 cl Apricot Brandy
Cocktailkirsche

Zubereitung
1 Im Shaker die Säfte, Cointreau und Apricot Brandy mit Eiswürfeln schütteln.
2 In eine Cocktailschale abseihen.
3 Mit der Cocktailkirsche garnieren.

Sherry Cobbler

Zutaten für 1 Glas
2 cl Cognac
1 cl Himbeergeist
2 dash Grenadine
Ananasscheibe
einige Himbeeren
3 cl Sherry

Zubereitung
1 Ein großes und breites Kelchglas etwa halbvoll mit zerstoßenem Eis füllen.
2 Cognac, Himbeergeist und Grenadine hinzufügen und kurz verrühren.
3 Mit Ananasstücken und den Himbeeren garnieren.
4 Zum Schluß mit Sherry auffüllen.

AFTER-DINNER-DRINKS

Bacardi Cocktail

Zutaten für 1 Glas
4 cl weißer Rum
2 cl Zitrone
2 cl Grenadine

Zubereitung
1 Die Zutaten im Shaker schütteln.
2 Anschließend in ein Cocktailglas abseihen.

Sophia

Zutaten für 1 Glas
4 cl Amaretto Saronno
1 cl Crème de Menthe grün
3 cl Sahne
gehackte, geröstete Mandeln

Zubereitung
1 Die Zutaten im Shaker schütteln.
2 In ein Cocktailglas abseihen oder im Old-fashioned-Glas mit gehackten, gerösteten Mandeln bestreut servieren.

Apotheke

Zutaten für 1 Glas
3 cl Fernet Branca, 1 cl Brandy
1 cl Crème de Menthe weiß

Zubereitung
1 Alle Zutaten mit Eis im Rührglas mischen.
2 Anschließend in ein Cocktailglas abseihen.

Stinger

Zutaten für 1 Glas
3 cl Brandy
2 cl Crème de Menthe weiß

Zubereitung
Die Zutaten im Tumbler mit Eiswürfeln verrühren.

Rusty Nail

Zutaten für 1 Glas
3 cl Scotch Whisky
2 cl Drambuie

Zubereitung
Die Zutaten im Tumbler mit Eiswürfeln verrühren.

God Father

Zutaten für 1 Glas
3 cl Bourbon Whiskey
2 cl Amaretto
2 Mandeln

Zubereitung
Die Zutaten im Tumbler mit Eiswürfeln verrühren.

God Mother

Zutaten für 1 Glas
3 cl Wodka
2 cl Mandellikör

Zubereitung
Wodka und Mandellikör im Tumbler mit Eiswürfeln gut verrühren.

B and C

Zutaten für 1 Glas
2 cl Bénédictine
2 cl Calvados

Zubereitung
Den Bénédictine und den Calvados mit Eiswürfeln im Tumbler gut verrühren.

Game

Zutaten für 1 Glas
3 cl Gin
1 cl Apricot Brandy
1 cl Amaretto

Zubereitung
Die Zutaten mit Eiswürfeln im Tumbler gut verrühren.

B and B

Zutaten für 1 Glas
2 cl Brandy oder Cognac
2 cl Bénédictine

Zubereitung
Die Zutaten mit Eiswürfeln im Tumbler gut verrühren.

B and P

Zutaten für 1 Glas
2 cl Brandy oder Cognac
2 cl Portwein

Zubereitung
Die Zutaten mit Eiswürfeln im Tumbler gut verrühren.

Russian Fruit

Zutaten für 1 Glas
4 cl Wodka
2 cl Himbeerlikör

Zubereitung
Die Zutaten mit Eiswürfeln im Tumbler gut verrühren.

Afterwards

Zutaten für 1 Glas
3 cl Curaçao blue
3 cl Apricot Brandy
1 cl Zitronensaft
Zitronenscheibe

Zubereitung
1 Curaçao, Apricot Brandy und Zitronensaft im Shaker mit Eiswürfeln schütteln.
2 In eine Cocktailschale abseihen.
3 Mit der Zitronenscheibe dekorieren.

Golden Cadillac

Zutaten für 1 Glas
2 cl Crème de Cacao weiß
2 cl Galliano
2 cl Sahne
2 cl Orangensaft

Zubereitung
1 Alle Zutaten im Shaker mit Eiswürfeln gut schütteln.
2 In eine Cocktailschale abseihen.

Porto Rico

Zutaten für 1 Glas
4 cl Portwein
2 cl Scotch Whisky
1 cl Zitronensaft
Orangenscheibe

Zubereitung
1 Portwein, Whisky und Zitronensaft im Shaker mit Eiswürfeln schütteln.
2 Dann in eine Cocktailschale abseihen.
3 Mit der Orangenscheibe dekorieren.

Babyface

Zutaten für 1 Glas
2 cl Sahne
2 cl Wodka
2 cl Crème de Cassis

Zubereitung
1 Alle Zutaten im Shaker mit Eiswürfeln kräftig schütteln.
2 Anschließend in ein Südweinglas abseihen.

St. Vincent

Zutaten für 1 Glas
2 cl Sahne
2 cl Gin
2 cl Galliano
3 Tropfen Grenadine

Zubereitung
1 Alle Zutaten im Shaker mit Eiswürfeln gut schütteln.
2 Anschließend in eine Cocktailschale abseihen.

Southern Island

Zutaten für 1 Glas
2 cl Sahne
2 cl weißer Rum
2 cl Kahlua
Kaffeebohnen

Zubereitung
1 Sahne, Rum und Kahlua mit Eiswürfeln kräftig schütteln.
2 In eine Cocktailschale abseihen.
3 Mit drei Kaffeebohnen garnieren.

Heaven so sweet

Zutaten für 1 Glas
4 cl Wodka
1 cl Amaretto
1 cl Galliano

Zubereitung
1 Wodka, Amaretto und Galliano im Shaker mit Eiswürfeln kräftig schütteln.
2 Anschließend in eine Cocktailschale abseihen.

Strawberry Cream

Zutaten für 1 Glas
2 cl Sahne
2 cl Himbeergeist
2 cl Erdbeerlikör
Kiwischeibe, kleine Erdbeeren

Zubereitung
1 Sahne, Himbeergeist und Likör kräftig mit Eiswürfeln im Shaker schütteln.
2 In eine Cocktailschale abseihen. Mit Kiwischeibe und Erdbeeren garnieren.

Barbara

Zutaten für 1 Glas
2 cl Wodka
2 cl Crème de Cacao braun
2 cl Sahne

Zubereitung
1 Die Zutaten im Shaker mit Eiswürfeln gut schütteln.
2 Anschließend in eine Cocktailschale abseihen.

Coffee Cream

Zutaten für 1 Glas
4 cl Kaffeelikör
4 cl Sahne

Zubereitung
1 Die Zutaten im Shaker mit Eiswürfeln gut schütteln.
2 In eine Cocktailschale abseihen.

Whiskey Cream

Zutaten für 1 Glas
2 cl Sahne
2 cl Southern Comfort
2 cl Crème de Cacao weiß

Zubereitung
1 Alle Zutaten im Shaker mit Eiswürfeln kräftig schütteln.
2 Anschließend in eine Cocktailschale abseihen.

Cherry Cream

Zutaten für 1 Glas
2 cl Sahne
2 cl Kirschwasser
2 cl Cherry Brandy
Cocktailkirsche oder
frische Kirsche

Zubereitung
1 Sahne, Kirschwasser und Cherry Brandy mit Eiswürfeln kräftig im Shaker mixen.
2 In ein Südweinglas abseihen.
3 Mit einer Kirsche garnieren.

Golden Dream

Zutaten für 1 Glas
2 cl Galliano
2 cl Cointreau
2 cl Sahne
2 cl Orangensaft

Zubereitung
1 Alle Zutaten im Shaker mit Eiswürfeln mixen.
2 Anschließend in eine Cocktailschale abseihen.

Nicola

Zutaten für 1 Glas
1 dash Grenadine
2 cl Sahne
2 cl Crème de Cacao braun
2 cl Amaretto

Zubereitung
1 In eine Cocktailschale den Grenadine geben.
2 Im Shaker mit Eiswürfeln die anderen Zutaten gut mixen und langsam in die Cocktailschale gießen.

Blue Moon

Zutaten für 1 Glas
3 cl Tequila
2 cl Galliano
1 cl Curaçao blue
4 cl Sahne

Zubereitung
1 Alle Zutaten im Shaker mit Eiswürfeln gut schütteln.
2 Anschließend in eine Cocktailschale abseihen.

ERFRISCHENDE MIXEREIEN OHNE ALKOHOL

Fruit Cup

Zutaten für 1 Glas
8 cl Orangensaft
6 cl Ananassaft
4 cl Zitronensaft
2 cl Grenadine
1 Orangenscheibe
1 Cocktailkirsche

Zubereitung
1 Die Säfte mit dem Grenadine im Shaker mit Eiswürfeln schütteln.
2 In ein Longdrinkglas abseihen.
3 Mit den Früchten dekorieren.

Fürst Igor

Zutaten für 1 Glas
4 cl Maracujasaft
2 cl Zitronensaft
2 cl Ananassaft
Bitter lemon
1 Limettenscheibe
1 kleiner Zweig Melisse

Zubereitung
1 Die Säfte in ein Longdrinkglas geben und kurz rühren.
2 Mit Bitter lemon auffüllen.
3 Anschließend mit einer Limettenscheibe und der Melisse dekorieren.

Peppermint Lemonade

Zutaten für 1 Glas
2 cl Pfefferminzsirup
2 cl Zitronensaft
Soda

Zubereitung

1 Den Sirup mit dem Zitronensaft und Eiswürfeln in einen Tumbler geben.

2 Mit Soda auffüllen und mit einem Strohhalm servieren.

Piratenfeuer

Zutaten für 1 Glas
4 cl Aprikosensaft
4 cl Birnensaft
2 cl Kirschsaft
2 cl Zitronensaft
1 cl Grenadine
Tonic water
Zitronenschale
1 Cocktailkirsche

Zubereitung
1 Die Säfte mit dem Grenadine im Shaker mit Eiswürfeln schütteln.
2 In ein Longdrinkglas abseihen.
3 Mit Tonic water auffüllen.
4 Den Drink mit der Zitronenspirale und der Cocktailkirsche dekorieren.

Saratoga Cooler

Zutaten für 1 Glas
2 cl Grenadine
2 cl Zitronensaft
Ginger ale, Früchte der Saison

Zubereitung
1 Grenadine und Zitronensaft mit Eiswürfeln in einen Tumbler geben und mit Ginger ale auffüllen.
2 Mit Früchten dekorieren und mit einem Strohhalm und einem Barlöffel servieren.

Lemon Squash

Zutaten für 1 Glas
Saft von 1/2 Zitrone
2 TL Puderzucker
Soda
Zitronenscheibe

Zubereitung
1 Zitronensaft und Zucker mit Eiswürfeln in einen Tumbler geben und mit Soda auffüllen.
2 Die Zitronenscheibe hineingeben und mit einem Strohhalm und einem Barlöffel servieren.

Queen Charlotte

Zutaten für 1 Glas
5 cl Mandelmilch
2 cl Himbeersaft
Soda

Zubereitung
1 Die Mandelmilch und den Himbeersaft mit Eiswürfeln in einen Tumbler geben.
2 Mit Soda auffüllen und mit einem Strohhalm servieren.

Bongo

Zutaten für 1 Glas
7 cl Ananassaft
4 cl Mangosaft
4 cl Zitronensaft
3 cl Orangensaft
2 cl Coconut cream
1 Ananasstück
1 Cocktailkirsche
1 kleiner Zweig Minze

Zubereitung
1 Die Säfte und die Coconut cream mit Eiswürfeln im Shaker schütteln.
2 In ein Longdrinkglas abseihen.
3 Mit einem Ananasstück, einer Cocktailkirsche und der Minze dekorieren.

Bicycle

Zutaten für 1 Glas
7 cl Mangosaft
4 cl Zitronensaft
2 cl Maracujasaft
1 cl Grenadine
Mineralwasser
1 Ananasstück
1 Cocktailkirsche
1 kleiner Zweig Melisse

Zubereitung
1 Die Säfte und den Grenadine in ein Longdrinkglas geben, verrühren und mit Mineralwasser auffüllen.
2 Den Drink mit einem Ananasstück, einer Cocktailkirsche und der Melisse dekorieren.

Sunbreaker

Zutaten für 1 Glas
8 cl Mangosaft
2 cl Roses Lime Juice
Tonic water, 1 Orangenscheibe
1 kleiner Zweig Melisse

Zubereitung
1 Die Säfte in ein Longdrinkglas geben.
2 Mit Tonic water auffüllen.
3 Mit einer Orangenscheibe und der Melisse dekorieren.

Power Juice

Zutaten für 1 Glas
10 cl Rote-Bete-Saft
10 cl Möhrensaft
2 cl Zitronensaft, Pfeffer
1 langes, schmales Stück Gurke

Zubereitung
1 Die Säfte in einen Tumbler auf Eiswürfel geben.
2 Etwas Pfeffer darüberstreuen und verrühren.
3 Mit der Gurke dekorieren.

Paradiesvogel

Zutaten für 1 Glas
6 cl Ananassaft
6 cl Maracujasaft
6 cl Orangensaft
1 cl Zitronensaft
1 cl Grenadine
1 Ananasscheibe
1 Cocktailkirsche

Zubereitung
1 Die Säfte und den Grenadine mit Eiswürfeln im Shaker schütteln.
2 In ein Longdrinkglas abseihen.
3 Mit den Früchten dekorieren.

Blue Batavia

Zutaten für 1 Glas
je 3 cl Ananas-, Birnen-, Maracuja- und Aprikosensaft
1 cl Zitronensaft
1 cl Curaçao blue, ohne Alkohol, Bitter lemon
1 Zitronenscheibe
1 Cocktailkirsche

Zubereitung
1 Die Säfte mit dem Curaçao im Shaker mit Eiswürfeln schütteln.
2 In ein Longdrinkglas abseihen.
3 Mit Bitter lemon auffüllen und mit den Früchten dekorieren.

Bali-Boo

Zutaten für 1 Glas
4 cl Ananassaft
4 cl Maracujasaft
4 cl Aprikosensaft
2 cl Curaçao blue, ohne Alkohol
Bitter lemon
1 Ananasscheibe
1 Cocktailkirsche

Zubereitung
1 Die Säfte und den Curaçao mit Eiswürfeln im Shaker schütteln.
2 In ein Longdrinkglas abseihen.
3 Mit Bitter lemon auffüllen und mit den Früchten dekorieren.

Ananascocktail

Zutaten für 1 Glas
4 cl Ananassaft
3 cl Orangensaft
Ananasstücke

Zubereitung
1 Die Säfte mit Eiswürfeln im Shaker schütteln.
2 In ein Cocktailglas abseihen.
3 Den Drink mit Ananasstückchen dekorieren.

Ananas Ade

Zutaten für 1 Glas
4 cl Ananassirup
Saft von 1/2 Zitrone
Soda, Ananasstücke

Zubereitung
1 Den Sirup mit dem Zitronensaft in einen halb mit Eiswürfeln gefüllten Tumbler geben und mit Soda auffüllen.
2 Mit Ananasstückchen, einem Barlöffel und einem Strohhalm servieren.

Boston Cooler

Zutaten für 1 Glas
Zitronenschale
2 cl Grenadine, Ginger ale

Zubereitung
1 Die Zitronenschale mit dem Grenadine und Eiswürfeln in einen Tumbler geben.
2 Mit Ginger ale auffüllen und den Drink mit einem Strohhalm servieren.

American Lemonade

Zutaten für 1 Glas
Saft von 1/2 Zitrone
2 dash Zuckersirup
Soda
1 Zitronenscheibe

Zubereitung
1 Den Zitronensaft und den Zuckersirup in einen halb mit Eiswürfeln gefüllten Tumbler geben.

2 Anschließend mit Soda auffüllen.
3 Mit der Zitronenscheibe dekorieren und mit einem Strohhalm servieren.

Ananas-Limonade

Zutaten für 1 Glas
8 cl Ananassaft, 8 cl Soda
Ananasstücke

Zubereitung
1 Den Ananassaft mit Soda und zwei Eiswürfeln in einen Tumbler geben.
2 Mit Ananasstücken dekorieren und servieren.

Bora-Bora

Zutaten für 1 Glas
10 cl Ananassaft
6 cl Maracujasaft
2 cl Zitronensaft
1 cl Grenadine
1 Ananasscheibe
1 Cocktailkirsche

Zubereitung
1 Die Säfte und den Grenadine im Shaker mit Eiswürfeln schütteln.
2 In ein Longdrinkglas abseihen.
3 Mit den Früchten dekorieren.

Kirschblüte

Zutaten für 1 Glas
6 cl Kirschsaft
4 cl Orangensaft
4 cl Aprikosensaft
Mineralwasser
1 Cocktailkirsche
1 Orangenscheibe

Zubereitung
1 Die Säfte im Shaker mit Eiswürfeln schütteln und in ein Longdrinkglas abseihen.
2 Mit Mineralwasser auffüllen und mit den Früchten dekorieren.

Miami

Zutaten für 1 Glas
14 cl Ananassaft
1 cl Zitronensaft
1 cl Zuckersirup
1 cl Pfefferminzsirup

Zubereitung
1 Alle Zutaten im Shaker mit Eiswürfeln gut schütteln.
2 Anschließend in ein Longdrinkglas abseihen.

Planters's Wonder

Zutaten für 1 Glas
6 cl Orangensaft
6 cl Ananassaft
6 cl Maracujasaft
2 cl Zitronensaft
2 cl Grenadine
Früchte der Saison

Zubereitung
1 Die Säfte mit dem Grenadine im Shaker mit Eiswürfeln gut schütteln.
2 In ein Superlongdrinkglas abseihen.
3 Etwas Crash-Eis dazugeben und mit den Früchten garnieren.

Tropical

Zutaten für 1 Glas
5 cl Orangensaft
5 cl Mangosaft
5 cl Ananassaft
1 cl Zitronensaft
1 cl Grenadine

Zubereitung
1 Alle Zutaten im Rührglas mit Eiswürfeln verrühren.
2 In ein Longdrinkglas abseihen.

Primadonna

Zutaten für 1 Glas
4 cl Orangensaft
4 cl Grapefruitsaft
4 cl Maracujasaft
1 cl Zitronensaft
2 cl Grenadine
Orangenscheibe
Zitronenscheibe

Zubereitung
1 Die Säfte mit dem Grenadine und Eiswürfeln im Shaker schütteln.
2 In ein Longdrinkglas abseihen und mit den Früchten garnieren.

Jamaica

Zutaten für 1 Glas
3 cl Maracujasirup
2 cl Zitronensaft
6 cl Orangensaft, 6 cl Ananassaft
1/2 Orangenscheibe, 1 Kirsche

Zubereitung

1 Den Sirup und die Säfte mit Eiswürfeln im Shaker gut mischen.

2 In ein Bierglas mit Eiswürfeln geben.

3 Die Früchte auf einen Cocktailspieß stecken und den Drink damit dekorieren.

Coco

Zutaten für 1 Glas
2 cl Coconut cream
4 cl Ananassaft
4 cl Sahne

Zubereitung
1 Alle Zutaten im Shaker mit Eiswürfeln gut schütteln.
2 In ein mit Crash-Eis halbvoll gefülltes Longdrinkglas abseihen.

Exotic Orange

Zutaten für 1 Glas
10 cl Orangensaft
10 cl Maracujasaft
1 dash Angostura
Orangenscheibe

Zubereitung
1 Die Säfte und den Angostura im Longdrinkglas mit Eiswürfeln verrühren.
2 Anschließend den Drink mit der Orangenscheibe dekorieren.

Summer delight

Zutaten für 1 Glas
2 cl Limettensaft
2 cl Himbeersirup
Soda, 4 Himbeeren
2 Limettenscheiben

Zubereitung
1 Den Saft und den Sirup in einem Longdrinkglas mit Eiswürfeln verrühren.
2 Mit Soda auffüllen und mit den Früchten dekorieren.

Car drive

Zutaten für 1 Glas
4 cl Ananassaft
2 cl Zitronensaft, 1 cl Grenadine
Ginger ale, Ananasscheibe

Zubereitung
1 Den Saft und den Grenadine mit Eiswürfeln im Longdrinkglas verrühren.
2 Mit Ginger ale auffüllen.
3 Mit der Ananasscheibe dekorieren.

MIXGETRÄNKE MIT EISCREME UND MILCH

Menthe-Eiscreme-Soda

Zutaten für 1 Glas
2 Kugeln Vanilleeis
10 cl Milch
2 cl Pfefferminzsirup
Soda

Zubereitung
1 Das Eis, die Milch und den Sirup in ein Longdrinkglas geben.
2 Umrühren und mit Soda auffüllen.
3 Mit einem Strohhalm sowie einem Barlöffel servieren.

Aztekenfeuer

Zutaten für 2 Gläser
2 Kugeln Vanilleeis
1/4 l kalter Kaffee
1 Prise Kakaopulver
Zimt

Zubereitung
1 Das Vanilleeis mit dem kalten Kaffee und einer Prise Kakaopulver in einem Rührglas verrühren.
2 Anschließend in ein Longdrinkglas füllen und mit etwas Zimt bestreuen.

Blue Icecream Soda

Zutaten für 1 Glas
2 Kugeln Vanilleeis, 4 cl Milch
2 cl Curaçao blue, ohne Alkohol
1 cl Ananassirup, Soda

Zubereitung
1 Das Eis, die Milch, den Curaçao und den Sirup in ein Longdrinkglas auf Eiswürfel geben.
2 Verrühren und mit Soda auffüllen.
3 Mit einem Strohhalm servieren.

Blaubeermilch-Gletscher

Zutaten für 1 Glas
1 Kugel Vanilleeis
3 cl Blaubeersirup
3 cl Milch, Soda

Zubereitung
1 Das Eis, den Sirup und die Milch im Shaker mit Eiswürfeln schütteln.
2 In einen Tumbler abseihen.
3 Mit Soda auffüllen und mit einem Strohhalm servieren.

Brombeermilch-Frost

Zutaten für 1 Glas
1 Kugel Vanilleeis
3 cl Brombeersirup
Milch

Zubereitung
1 Das Eis und den Sirup in einen Tumbler geben.
2 Mit eisgekühlter Milch auffüllen.
3 Mit einem Strohhalm und einem Barlöffel servieren.

Süße Susie

Zutaten für 1 Glas
1 Kugel Vanilleeis
1 Kugel Ananaseis
2 cl Himbeersaft, Soda
geschlagene Sahne, Erdbeeren

Zubereitung
1 Das Eis und den Himbeersaft in einen Tumbler geben.
2 Mit Soda auffüllen und mit Sahne und Erdbeeren dekorieren. Mit einem Löffel und einem Strohhalm servieren.

Polar Orange

Zutaten für 1 Glas
2 Kugeln Vanilleeis, 4 cl Milch
2 cl Orangensirup, Soda

Zubereitung
1 Das Eis, die Milch und den Sirup in ein Longdrinkglas auf Eiswürfel geben.
2 Umrühren und mit Soda auffüllen. Mit einem Strohhalm servieren.

Bananen-Eiscreme-Soda

Zutaten für 1 Glas
2 Kugeln Vanilleeis
10 cl Bananensaft
1 cl Zitronensaft
Soda

Zubereitung
1 Das Eis und die Säfte in ein Longdrinkglas geben.
2 Umrühren und mit Soda auffüllen.
3 Mit einem Strohhalm und einem Barlöffel servieren.

Coca-Cola-Malzmilch

Zutaten für 1 Glas
3 cl Schokosirup, 5 cl Sahne
2 TL Malzmilch, Coca-Cola

Zubereitung
1 Den Schokoladensirup mit Sahne und Malzmilch im Shaker mit Eiswürfeln schütteln.
2 In einen Tumbler abseihen.
3 Mit eisgekühltem Coca-Cola auffüllen und mit einem Strohhalm servieren.

Erdbeer-Limonade

Zutaten für 1 Glas
1 Kugel Erdbeereis
2 cl Zitronensaft
2 cl Erdbeersirup
Soda

Zubereitung
1 Das Eis, den Zitronensaft und den Sirup mit Eiswürfeln im Shaker schütteln.
2 In einen Tumbler abseihen und mit Soda auffüllen.
3 Mit einem Strohhalm servieren.

Mokkamix

Zutaten für 2 Gläser
3 Kugeln Schokoladeneis
1 TL Mokka
1/4 l Milch

Zubereitung
1 Alle Zutaten im Rührglas verrühren.
2 Anschließend in zwei Longdrinkgläser abseihen.

Night Cap

Zutaten für 1 Glas
5 cl heiße Milch
2 cl Vanillesirup
Soda

Zubereitung
1 Die Milch mit dem Sirup in einen Tumbler geben.
2 Kurz rühren und mit Soda auffüllen.
3 Mit einem Strohhalm servieren.

Florida Milk

Zutaten für 1 Glas
6 cl Milch, 1 cl Orangensaft
1 cl Zitronensaft, 1 cl Grenadine

Zubereitung
1 Alle Zutaten im Shaker mit Eiswürfeln kräftig schütteln.
2 In eine Cocktailschale abseihen.

Mandelmilch

Zutaten für 1 Glas
16 cl Milch, 4 cl Mandelsirup
1 dash Grenadine
geröstete Mandelsplitter

Zubereitung
1 Die Milch und die Sirupe in einem Shaker mit Eiswürfeln schütteln.
2 In ein mit Eiswürfeln halb gefülltes Longdrinkglas abseihen.
3 Den Drink mit den gerösteten Mandelsplittern dekorieren und mit einem Strohhalm servieren.

Tango

Zutaten für 1 Glas
6 cl Ananassaft
6 cl Zitronensaft
3 cl Coconut cream, 3 cl Sahne
1 cl Mandelsirup
1 Cocktailkirsche

Zubereitung
1 Die Säfte, die Coconut cream, die Sahne und den Sirup mit Eiswürfeln im Shaker schütteln.
2 In ein Longdrinkglas abseihen und mit einer Cocktailkirsche dekorieren.

Abendsonne

Zutaten für 1 Glas
4 cl Sahne, 2 cl Bananensaft
1 cl Grenadine

Zubereitung
1 Alle Zutaten im Shaker mit Eiswürfeln kräftig schütteln.
2 In eine Cocktailschale abseihen.

ALKOHOLFREIE MIXEREIEN MIT EI

Offenburg-Flip

Zutaten für 1 Glas
4 cl Orangensaft
4 cl Bananensirup
2 cl Zitronensaft
1 Eigelb
1/2 Banane

Zubereitung
1 Alle Zutaten zusammen mit Eiswürfeln in einem elektrischen Mixer pürieren und mixen.
2 In ein Longdrinkglas abseihen.

Egg Lemonade

Zutaten für 1 Glas
1 cl Zitronensaft
1 cl Zuckersirup
1 Ei
2 cl Wasser

Zubereitung
1 Alle Zutaten im Shaker mit Eiswürfeln schütteln.
2 Anschließend in einen Tumbler abseihen.

Golden Fizz

Zutaten für 1 Glas
4 cl Zitronensaft
1 cl Ingwersirup
1 Eigelb
Soda
Puderzucker

Zubereitung
1 Den Zitronensaft, den Sirup und das Eigelb mit Eiswürfeln im Shaker schütteln.
2 In einen Tumbler abseihen.
3 Mit Soda auffüllen und mit Puderzucker bestreuen.
4 Mit einem Strohhalm servieren.

Athletic

Zutaten für 1 Glas
6 cl Traubensaft
6 cl Sahne
2 cl Zitronensaft
1 TL Zucker, 1 Eigelb
Soda

Zubereitung
1 Die Säfte, die Sahne, den Zucker und das Eigelb mit Eiswürfeln in einem Shaker kräftig schütteln.
2 In ein Longdrinkglas abseihen.
3 Den Drink mit Soda auffüllen.

Eier-Eiscreme-Flip

Zutaten für 1 Glas
1 Kugel Vanilleeis
2 cl Vanillesirup
1 Ei
Soda
1 Cocktailkirsche

Zubereitung
1 Das Vanilleeis, den -sirup und das Ei im Shaker schütteln.
2 In einen Tumbler geben und mit Soda auffüllen.
3 Mit einer Cocktailkirsche und einem Strohhalm servieren.

Honigflip

Zutaten für 1 Glas
20 cl Milch
2 cl schwarzer Johannisbeersaft
1 cl Honig, 1 Eigelb

Zubereitung
1 Alle Zutaten mit Eiswürfeln in einem Shaker kräftig schütteln.
2 In ein Superlongdrinkglas abseihen.

Coffee Flip

Zutaten für 1 Glas
4 cl Kaffee
1 TL Zuckersirup, 1 Ei
geriebene Muskatnuß

Zubereitung
1 Den Kaffee, den Sirup und das Ei mit Eiswürfeln im Shaker schütteln.
2 Anschließend in einen Tumbler abseihen.
3 Mit Muskatnuß bestreut servieren.

ALKOHOLFREIE BOWLEN

Obstsalatbowle

Zutaten für 5–10 Gläser
2 säuerliche Äpfel
1 Birne
1 Banane
1 Orange
1/2 l Orangensaft
1/2 l Apfelsaft
20 cl Bananensaft
10 cl Birnensaft
30 cl Soda

Zubereitung
1 Die Äpfel und die Birne waschen, halbieren und in sehr kleine Scheiben oder Stifte schneiden.
2 Die Banane und die Orange schälen, in Scheiben schneiden und die Orangenscheiben nochmals vierteln.
3 Das Obst mit den Säften in ein Bowlengefäß geben und kalt stellen.
4 Anschließend mit Soda auffüllen und servieren.

Fruit Bowl

Zutaten für 10–15 Gläser
2 l Orangensaft, 2 l Ananassaft
1/4 l Zitronensaft
1/4 l Grenadine
1 Dose Lychees, 1 Dose Papayas
7 Kiwifrüchte, in Scheiben
Tonic water

Zubereitung
1 Die Säfte mit dem Grenadine in ein Bowlengefäß geben.
2 Die Dosenfrüchte abseihen und zusammen mit den Kiwischeiben hinzufügen.
3 Die Bowle kalt stellen.
4 Anschließend Longdrinkgläser zu Dreiviertel mit Bowle und Früchten füllen und mit Tonic water ergänzen.

Ananasbowle

Zutaten für 5–10 Gläser
1 frische Ananas
10 cl Ananassirup
10 cl Zitronensaft
1 l Ginger ale, 40 cl Soda

Zubereitung
1 Die Ananas in Scheiben schneiden, den Strunk entfernen, die Scheiben schälen, achteln.

2 Mit den Säften in ein Bowlengefäß geben.
3 Kalt stellen und anschließend mit Ginger ale und Soda auffüllen.

Piratenbowle

Zutaten für 10–15 Gläser
2 l Aprikosensaft
2 l Birnensaft
$^1/_2$ l Kirschsaft
$^1/_4$ l Zitronensaft
$^1/_4$ l Grenadine
Tonic water
Zitronenschale
Cocktailkirschen

Zubereitung
1 Die Säfte und den Grenadine in ein Bowlengefäß geben, verrühren und kalt stellen.
2 Longdrinkgläser zu Dreiviertel mit Bowle füllen und mit Tonic water ergänzen.
3 Jedes Glas mit einer Zitronenspirale und einer Cocktailkirsche dekorieren.

Tip
Um die Bowle über längere Zeit kühl zu halten, aber ein Verwässern durch normale Eiswürfel zu verhindern, ist es ideal, diese aus den in der Bowle enthaltenen Säften herzustellen. Gelbe Würfel aus Aprikosensaft und rote aus Kirschsaft sind zudem eine attraktive Dekoration.

Bananenbowle

Zutaten für 5–10 Gläser
3 Bananen, 2 Kiwifrüchte
70 cl Bananensaft
10 cl Orangensaft
10 cl Zitronensaft
10 cl Ananassaft, 1/2 l Soda

Zubereitung
1 Die Bananen und die Kiwis schälen und in kleine Stücke schneiden.
2 Das Obst mit den Säften in ein Bowlengefäß geben, verrühren und kalt stellen.
3 Anschließend Eiswürfel und Soda dazugeben und frisch servieren.

Traubenbowle

Zutaten für 5–10 Gläser
100 g blaue Weintrauben
100 g grüne Weintrauben
1/2 l blauer Traubensaft
1/2 l heller Traubensaft
10 cl Zitronensaft
1/2 l Soda

Zubereitung
1 Die Trauben sorgfältig unter warmem Wasser waschen, halbieren und entkernen.
2 Die Fruchthälften zusammen mit den Säften in ein Bowlengefäß geben, verrühren und kalt stellen.
3 Zuletzt Soda hinzufügen und servieren.

Kiwibowle

Zutaten für 5–10 Gläser
6 Kiwis
8 cl Zitronensaft
3 cl Zuckersirup
1 l Ginger ale
40 cl Soda

Zubereitung
1 Die Kiwis schälen, in Scheiben schneiden und in ein Bowlengefäß geben.
2 Den Saft und den Sirup darübergießen und eine Stunde kalt stellen.
3 Anschließend mit Ginger ale und Soda auffüllen und servieren.

Beerenbowle

Zutaten für 5–10 Gläser
100 g Himbeeren
100 g Erdbeeren
100 g Brombeeren
10 cl Himbeersirup
10 cl Erdbeersirup
10 cl Zitronensaft
1 l Brombeersaft
40 cl Soda

Zubereitung
1 Die Früchte putzen, waschen, halbieren.
2 Zusammen mit den Sirupen und den Säften in ein Bowlengefäß geben.
3 Alles gut verrühren und kalt stellen.
4 Anschließend Eiswürfel und Soda dazugeben und die Bowle servieren.

REZEPTVERZEICHNIS

Titelbild: TLC-Foto-Studio GmbH
Fotos: Edith Gerlach; Grauel und Uphoff; TLC-Foto-Studio GmbH;
Foto S. 49: Henkell Trocken
Grafische Gestaltung: Grafik-Design Gerhard Wawra

Satz: Dinges+Frick, Wiesbaden
Druck: Konkordia Druck GmbH, Bühl/Baden

1999962589X7 2635 4453 6271